ECRITURE NATIONALE.

—

METHODE RONGIER.

Tout exemplaire non revêtu du paraphe de l'auteur sera considéré comme contrefait, et tout contre-
facteur ou débitant de contrefaçon sera poursuivi
selon la rigueur de la loi.

METHODE RATIONNELLE

D'ÉCRITURE NATIONALE–CURSIVE,

DITE RADIOGRAPHIE,

A L'USAGE DES PROFESSEURS ET DES ÉLÈVES,

AUTORISÉE PAR ORDONNANCE ROYALE;

DÉDIÉE A M. OZANEAUX,

INSPECTEUR – GÉNÉRAL DE L'UNIVERSITÉ,

PAR P. RONGIER,

ARTISTE-ÉCRIVAIN, BREVETÉ PAR LE GOUVERNEMENT.

____

Cette méthode, composée d'un volume in-12 et d'un Atlas de 26 planches gravées en taille douce,

EST SUIVIE

D'un traité d'écriture nationale-compacte cursive, d'écriture nationale à main posée, d'écriture ronde et d'écriture gothique.

ELLE CONTIENT EN OUTRE

L'exposé de l'importance des plumes métalliques, et la preuve que l'écriture nationale est la seule rationnelle.

A MOULINS,

CHEZ P. RONGIER, AUTEUR ET ÉDITEUR,

rue des Augustins, n° 8.

1843

A

M. OZANEAUX,

INSPECTEUR-GÉNÉRAL

DE L'UNIVERSITÉ.

MONSIEUR L'INSPECTEUR-GÉNÉRAL,

Je sens vivement tout le prix de la faveur que vous avez daigné m'accorder en me permettant de mettre votre nom à la tête de cette Méthode : car, s'il n'est personne qui ne fût honoré d'une semblable recommandation, combien ne dois-je pas en être glorieux, moi qui ai si grand besoin, en donnant des règles nouvelles d'un art, que tant de gens ont exploité sans succès pour sa perfection, de les faire paraître sous vos auspices, afin d'obtenir l'attention publique !

Qu'il me soit donc permis, Monsieur l'Inspecteur-général, de vous exprimer ici toute ma reconnaissance, ainsi que la profonde vénération qu'ont fait naître en moi les relations que j'ai eu l'honneur d'avoir avec vous, à titre de subordonné, lorsque l'Académie de Clermont jouissait de l'avantage de vous posséder pour Recteur. Vous êtes resté trop peu de temps, il est vrai, dans cette Académie, pour opérer tout le bien que vous vous proposiez ; mais vous y êtes assez resté pour que votre départ excite le regret de toutes les personnes qui ont eu le bonheur de vous connaître et de vous approcher. Votre haut mérite, votre talent distingué, la reconnaissance de vos services vous ont arraché à nous pour vous élever à un poste encore plus éminent. Nous devions nous y attendre, sachant que toutes vos qualités étaient connues du Roi des Français et des Princes ses fils qui en avaient eux-mêmes recueilli des fruits.

Votre avancement mérité, en adoucissant dans le cœur de vos instituteurs le deuil qu'y a porté votre éloignement, n'y a pas moins laissé le souvenir de vos bienfaits et une reconnaissance durable. Quant à moi, Monsieur l'Inspecteur-général, mes affections pour votre personne n'ont fait qu'augmenter en me rappelant sans cesse qu'un homme aussi éminemment distingué que vous l'êtes, a daigné, dès cette époque, regarder d'un œil favorable mon talent calligraphique qui commençait à peine à naître. Accepter aujourd'hui l'hommage de mon travail, c'est remplir mon cœur d'une satisfaction qui ne peut être égalée que par votre extrême bonté et par mon profond respect.

J'ai l'honneur d'être,

Monsieur l'Inspecteur-général,

Votre très humble et très obéissant - serviteur,

RONGIER.

PRÉFACE.

Livré depuis long-temps par goût à l'enseignement de l'Écriture, l'auteur de la Méthode nationale s'est constamment attaché à en rendre
l'exécution facile à ses élèves, et surtout à leur
inculquer des principes bien arrêtés, dont la pratique les conduise non seulement à la facilité
d'exécution, mais aussi à la pureté et à la perfection des formes. C'est son ardent désir d'être utile
à un art qu'il voyait péricliter chaque jour, qui a
fait naître en lui le courage nécessaire pour ten-
ter de l'arracher au charlatanisme.

Pénétré de ce désir, il s'est déterminé à doter
la France d'une méthode vraie, rationnelle, d'un
code d'écriture nationale, dont le besoin se faisait
tellement sentir, que la confusion des méthodes
anglaises, *américaines*, etc., toutes plus mauvaises les unes que les autres, avait amené la confusion des principes.

On voyait les maîtres, dégoûtés d'une méthode, se jeter sur une autre avec ardeur, et s'en repentir avec raison ; faire un nouveau pas, tomber dans l'ornière ; sortir de cette ornière, rentrer dans une autre plus profonde ; et, ce qu'il y avait de comique dans ces scènes variées, c'est que les acteurs se moquaient les uns des autres, et qu'ils auraient eu tous raison, s'ils eussent été la cause de leur ridicule commun. Où en étaient donc réduits les professeurs ? Triste vérité : sur mille il n'en était peut-être pas un seul qui sût faire convenablement la lettre la plus simple, pas même le commencement d'un *i* de l'écriture anglaise, qu'ils avaient presque tous adoptée ! Personne ne doutera de cette vérité, après avoir seulement lu notre Méthode avec attention. L'auteur ne blâme cependant pas ceux de ses honorables collègues, qui, sentant le besoin de modifier, de changer les principes qu'ils professaient, ont compulsé tant de méthodes pour tâcher de le faire avec fruit ; mais il peut leur prouver jusqu'à l'évidence qu'ils couraient après de vains fantômes ; car ce qu'ils cherchaient n'existait pas : aucune des méthodes qu'ils pouvaient se procurer, et qui subsistent encore pour le malheur de l'art, ne donne la manière rationnelle de faire seulement un jambage ; ceux qui constituent les lettres des modèles gravés sont même présentés de manière à ne pouvoir être exécutés tels qu'ils sont, et à prouver qu'ils n'ont pas été faits par des maîtres d'Écriture, bien que ceux qui les ont tracés aient pris ce titre, mais par des dessinateurs d'écriture. Il ne craint point d'être démenti dans cette assertion, car il défie tous les auteurs des méthodes existantes de prouver seulement qu'un simple jambage plein à l'une de ses extrémités, puisse être exécuté d'un seul trait de plume comme il est présenté dans les exemples de ces méthodes, en prouvant lui-même qu'il est impossible à l'artiste le plus habile de les exécuter par quelque moyen qu'il puisse employer. Se servît - on d'une règle ou d'un instrument quelconque de géométrie, on n'y parviendrait pas. Le moyen d'exécuter un jambage d'un seul trait de plume leur étant inconnu, peut-on douter qu'ils n'ignorent aussi les principes de cet art ?

Il faudrait, pour ne pas condamner ces méthodes, qu'il fût permis d'exécuter l'Écriture comme un dessin et de se servir de la plume comme d'un crayon. Beaucoup de personnes considèrent l'Écriture sous ce point de vue, et c'est une grande erreur ; car les meilleurs dessinateurs n'écrivent pas mieux que qui que ce soit.

Si l'on a quelquefois remarqué que dans tel ou

tel établissement d'instruction, les élèves écrivaient mieux l'*Anglaise* que dans tel ou tel autre, on ne devait pas l'attribuer à la méthode d'enseignement : cette différence de succès ne provenait que du plus ou du moins de temps et de soins que consacraient leurs maîtres ou leurs maîtresses à leur faire imiter les modèles qu'ils leur donnaient ; car les personnes qui ne savent que griffonner peuvent enseigner ce genre d'écriture aussi bien que les maîtres qui n'en connaissent pas les vrais principes. Telle est l'intime conviction de l'auteur de la *Radiographie* ; il désire que ses collègues ne soient point formalisés de la franchise avec laquelle il l'exprime, et qu'ils trouvent la flatterie qu'il leur refuse dans l'art qu'il leur enseigne, et une récompense dans sa propagation.

Si nous cherchons la cause du ridicule qu'on se plaît à prêter aux maîtres d'Écriture dans certaines localités, nous la trouverons dans le charlatanisme d'un grand nombre d'entr'eux. N'a-t-on pas vu, en effet, et ne voit-on pas encore presque partout, des maîtres dont l'écriture est extrêmement mauvaise, se vanter de procurer en peu de temps une écriture parfaite à leurs élèves ?

Il est de ces individus qui, exploitant le brevet d'invention d'un autre, ont vendu, dans un seul département, pour plus de 12,000 francs d'*Art d'enseigner* aux maires des communes, pour leurs instituteurs , sans en posséder eux-mêmes pour 12 sous, en ayant soin de garder encore assez de cette sorte de *marchandise* pour contenter leur monde. L'auteur de la *Méthode nationale* possède aussi un brevet d'invention qu'il pourrait exploiter , mais cela répugne à sa conscience. Quand on a le bonheur de pouvoir être utile , on doit s'empresser de l'être le plus tôt possible, par les moyens les plus délicats et les plus désintéressés ; mais ne faire jouir que quelques personnes , à force d'argent, du privilége d'un brevet, ne lui paraît pas assez louable pour le déterminer à prendre ce parti.

Il offre donc gratuitement ses découvertes à ses honorables collègues , il leur conseille d'en profiter et désire même qu'ils puissent y ajouter.

Il se gardera toutefois de leur assurer, comme tant d'autres , que sa Méthode dispense de travail et qu'elle peut s'enseigner sans être connue ; il faut , au contraire , la connaître parfaitement et l'observer rigoureusement pour en obtenir les heureux résultats qu'elle est susceptible de produire. Il ne garantit rien à quiconque cherchera à y apporter des modifications , et il garantit au contraire les plus heureux succès à ceux qui la mettront en pratique avec confiance.

Avant de l'adopter pour ses élèves, un professeur doit donc l'étudier sérieusement , et n'en faire usage qu'après s'être mis à même d'exécuter au moins les trois premiers exercices , ce qui ne nécessite ordinairement qu'un jour pour les élèves que l'auteur guide lui-même , parce qu'il leur fait exécuter les principes, par un procédé qu'il indique dans ce traité, pendant qu'il les leur explique ; mais cela peut exiger jusqu'à huit jours pour celui qui est obligé d'étudier avant d'exécuter et même en exécutant.

On ne comprendra peut-être pas facilement qu'un maître puisse enseigner avantageusement, d'après cette méthode, avec la seule connaissance des trois premiers exercices; cependant on pourra s'en convaincre, si l'on considère que les trois premiers exercices exigent tous les mouvements que peuvent nécessiter les caractères les plus compliqués, la même position de la main et de la plume, et que la pose est constamment la même pour tous les exercices.

Quant à la véritable physionomie des lettres, que le maître pourrait ne pas connaître parfaitement , l'explication que nous en donnons à chaque exercice et que les élèves doivent étudier, suffit au professeur le moins intelligent pour le mettre à même de faire bien exécuter.

Toutefois, avec cette seule connaissance, les professeurs ne seront peut-être pas à même de donner des modèles de leurs mains ; car, manquant de pratique d'exécution, ces modèles pourraient pécher encore par la grâce.

Il est indispensable que les élèves aient constamment les exemples gravés sous les yeux pendant leur leçon d'écriture, à moins que les professeurs ne soient à même d'en exécuter à la main avec autant de précision que les graveurs.

Les professeurs doivent donc se dispenser de faire des exemples ; mais il est bon, il est même nécessaire qu'ils emploient le moyen que nous prescrivons pour corriger les fautes des élèves, en leur guidant la main et l'avant-bras ; ce moyen étant infiniment préférable à celui de corriger de sa propre main, comme le font la plupart des professeurs.

On voit, par ce qui précède, que toutes les difficultés sont renfermées dans les trois premiers exercices, et qu'en les connaissant on réussira sûrement pour tous les autres. Mais ce serait une erreur de penser qu'on acquerra immédiatement l'extrême rapidité d'exécution. Quoique les procédés radiographiques se prêtent, autant que possible, à la rapidité et à la facilité, qu'on voit naître chaque jour en s'exerçant, on n'obtiendra l'une et

l'autre à un très haut degré, qu'en écrivant beaucoup et en observant rigoureusement nos principes.

On ne peut pas douter que les procédés radiographiques ne soient ceux qui se prêtent le plus
à la rapidité et à la facilité ; car , outre le mouvement des doigts , qui est le seul qu'on mette en
pratique pour les autres méthodes, on est aidé de
beaucoup d'autres mouvements qui sont combinés avec la position de la main, de manière à
n'être jamais gênés. Aussi les enfants , et en général toutes les personnes qui n'ont appris que la
Radiographie, écrivent-ils vite, beaucoup plus tôt
que les autres.

L'emploi du mouvement des doigts seuls pour
l'*anglaise* doit être à jamais abandonné; car par
ce procédé on est obligé de lever la plume plusieurs fois pour écrire un mot, pour faire une
lettre majuscule, ou même une lettre en gros un
peu longue ; tandis que, par la Radiographie, on a
la satisfaction de voir, après quelques mois d'é-
tude , les plus jeunes enfants exécuter avec une
facilité étonnante les exercices en gros, qui sont
indispensables pour fixer invariablement sur les
mouvements , sur les effets de la plume et sur la
physionomie des caractères ; et, quelque temps
après, ils écrivent en fin avec même facilité.

Bien que les élèves écrivent en fin pour faire leurs devoirs de classe , on doit les faire exercer long-temps, tantôt en gros, tantôt en moyen, à la leçon d'écriture , et ne souffrir, dans aucun cas, qu'ils sacrifient la moindre chose des principes.

On peut toutefois écrire passablement en supprimant plusieurs mouvements radiographiques , pourvu qu'on pose la main et qu'on dirige la plume suivant nos indications. Nous exposons, à cet effet, une méthode particulière dans notre traité, pour ne rien laisser à désirer ; mais ceux qui l'adopteront resteront dans l'ornière ; car , outre que l'écriture qu'on en obtient est moins élégante , elle est infiniment moins rapide. Elle ne convient qu'aux anciens maîtres qui, ayant acquis une certaine réputation, ne voudraient pas entreprendre de changer totalement leurs systèmes. Elle leur donnera cependant le moyen de rectifier l'impureté des formes de leur écriture , et d'exposer des principes qu'ils puissent au moins exécuter.

Pour ce dernier procédé , comme pour la Radiographie, les plumes métalliques doivent avoir la préférence ; nous démontrons et prouvons leur très grande supériorité sur les plumes ordinaires, et nous sommes convaincus que tous les professeurs nous en sauront bon gré.

L'écriture ronde et la gothique étant utiles

pour les titres et pour les mots qu'on veut faire ressortir, quelques exemples et l'exposé des principes de ces genres d'écriture, servent de complément à la Méthode radiographique.

Nous avons de plus créé, pour les titres, une écriture d'une physionomie nouvelle, qui a l'avantage de ne point exiger d'autres principes que ceux de la Radiographie. Bien exécutée, cette écriture pourra plaire ; nous la nommons *Nationale compacte*, ou simplement *Compacte*.

Les principes radiographiques sont suffisamment développés dans ce traité pour être compris sans maître ; mais, considérant que nos élèves doivent une partie des progrès qu'ils font au mode que nous employons pour faire exécuter ces principes, nous avons cherché le moyen de transmettre aussi ce mode aux professeurs.

Il consiste à maintenir et à diriger invariablement, à l'aide des deux mains, le coude de l'élève qui commence à écrire, et en même temps la plume, la main et les deux doigts qui doivent lui servir de point d'appui, sans gêner le jeu d'aucune articulation nécessaire à la rapidité de l'écriture, et de manière à lui procurer les avantages suivants : d'acquérir la position exacte de la main, la position et les mouvements de l'avant-bras et de l'arrière-bras, qui sont le fondement de notre

système, dans un espace de temps infiniment plus
court, et plus sûrement qu'on ne pourrait le faire
d'après toutes les indications possibles.

Avec le secours de ce procédé, l'élève surmonte
toutes les difficultés, sans même en soupçonner
l'existence ; mais, comme l'application de ce mode
exige la présence du maître, nous avons tâché de
suppléer celui-ci. Nous avons parfaitement réussi
au moyen de deux instruments de notre invention, dont l'un se nomme *chiragographe* et l'autre *pivot* ; ils satisfont à toutes les conditions d'u-
tilité désirables, et nous pouvons assurer qu'à
l'aide des observations et des règles insérées dans
ce traité, ils peuvent remplacer le maître auprès
des élèves, puisqu'ils ne leur permettent pas plus
de déroger à nos principes que le professeur ne le
leur permettrait lui-même.

Peut-être, après ces découvertes, étions-nous
en droit de penser que nous avions assez fait pour
faciliter l'étude de notre art ; mais notre sincère
désir d'être utile nous suggéra encore le moyen
de fixer les élèves sur la physionomie des lettres.
Nous donnons à cet effet la manière de régler le
papier au crayon pour chaque exercice élémen-
taire, de sorte que l'inclinaison de l'écriture soit
déterminée, ainsi que la largeur ét la hauteur du
corps des lettres, leur longueur de tête et de queue

et leur distance relative. On pourra suivre avantageusement ce procédé jusqu'à ce qu'on soit fixé sur la physionomie des caractères en général, ce qui n'excèdera pas ordinairement un travail de huit jours.

Tous ces moyens mécaniques facilitent l'intelligence de la théorie en la gravant dans l'esprit par les yeux ; ils rendent la pratique facile et les résultats parfaits.

Les preuves certaines que nous avons acquises, par une longue expérience, des bons effets de nos procédés , ne nous permettent pas de douter que nous apportons un utile concours à la régénétion de l'Écriture.

Heureux si nous pouvons parvenir à inspirer assez de confiance à nos honorables collègues pour qu'ils s'empressent d'acquérir les moyens faciles que nous leur offrons, pour abréger leur tâche et la remplir avec avantage , et si leur patriotisme peut les porter à propager une écriture *nationale* rationnelle, préférablement à une écriture *anglaise* dénuée de fondement.

RADIOGRAPHIE

ou

Écriture Nationale Cursive.

OBSERVATIONS PRÉLIMINAIRES.

Pour mettre avantageusement nos leçons à profit, on ne devra avoir aucun égard à son écriture première, quelle qu'en soit la physionomie ; mais se conformer rigoureusement à nos principes, tant sur la taille de la plume, si on a le mauvais esprit de ne pas se servir de plumes métalliques, sur la position de la main et de l'avant-bras, du corps et du papier, que sur les différents mouvements en général. La dérogation à une seule des règles relatives à ces divers objets, entraînerait le renversement de tout le système, et rendrait notre méthode inutile. On en aura une juste idée, si l'on considère que la taille de la plume est combinée avec la position de la main, la position de la main et de l'avant-bras avec l'inclinaison des lettres, la position du corps avec celle du bras droit, etc.

ÉCRITURES DIVERSES.

CONSIDÉRATIONS SUR LES GENRES D'ÉCRITURE DONT IL EST QUESTION DANS CE TRAITÉ.

De l'Écriture nationale française, dite Radiographie.

L'Écriture nationale s'exécute, en gros comme en fin, au courant de la main ; c'est la seule dont les principes se prêtent à ce que les élèves écrivent en commençant comme ils doivent écrire toujours, c'est-à-dire d'une manière expéditive. Elle diffère de toutes les autres par la qualité inexprimable , qui lui est propre, de conserver dans son expédition la pureté qu'on ne peut obtenir pour les autres écritures françaises qu'à main posée, et qu'on ne peut obtenir d'aucune manière pour l'Anglaise. C'est la seule écriture cursive rationnelle qui soit connue , car on ne peut appeler convenablement *cursive* qu'une écriture qui s'exécute à main courante dans toute sa perfection , et dont tous les caractères, gros et petits , peuvent s'exécuter de cette manière.

De l'Écriture anglaise.

Aucun écrivain, aucune méthode ne nous a encore donné la manière rationnelle de faire avec pureté un seul jambage de l'écriture anglaise, et cependant, cette écriture, la plus vicieuse de toutes, est enseignée depuis une quinzaine d'années dans presque toutes les écoles publiques. Les Anglais, qui l'ont importée en France, s'étant efforcés de persuader qu'on peut enseigner cette écriture sans savoir écrire soi-même, des milliers de maîtres en cet art ont été créés, comme par enchan-

tement, et cette écriture s'est répandue partout. C'était anglais, aucune autre recommandation ne devenait nécessaire.

Quoique presque toutes les méthodes d'é-
criture anglaise aient le titre d'écriture cursive, il n'y a cependant qu'un seul auteur anglais qui ait paru comprendre ce que doit être
une écriture *cursive* : il nous l'a prouvé en indiquant un bon moyen d'exécution, mais
comme indubitablement il ne savait pas
écrire, il n'a pas su concilier ce moyen avec
les exigences d'une écriture rationnelle. Il a
prescrit des formes de caractères et une direction de plume en opposition avec ce moyen ;
et sa méthode, qui n'a qu'un bon côté, pèche
surtout par le principe de pureté des formes,
sans lequel il n'est point de belle écriture possible.

Cet auteur a eu plusieurs imitateurs qui, au
lieu d'apporter des améliorations à son travail, en ont au contraire négligé le peu qu'il y
avait de bon.

Les principes de l'écriture anglaise, dont les
formes sont d'ailleurs très gracieuses, avaient
donc besoin d'être refondus dans le creuset

français pour être à la hauteur des autres arts. L'auteur de la *Radiographie* s'est chargé avec un entier succès de cette refonte, et la France possède enfin, pour la première fois, une écriture nationale cursive rationnelle.

De l'*Écriture* compacte.

L'écriture compacte ne diffère de l'écriture nationale ordinaire, qu'en ce que les jambages en sont plus resserrés, et que les têtes et les queues en sont plus courtes. Les principes d'exécution sont absolument les mêmes, de sorte qu'on ne peut connaître l'une sans connaître l'autre ; elle convient pour les titres, quand on a beaucoup de mots à écrire et peu de place.

De l'*Écriture* ronde.

L'écriture ronde n'est bien belle qu'étant écrite à main posée : on ne peut pas l'expédier sans la dénaturer ; cette écriture est bonne pour les titres et pour les mots qui doivent ressortir dans l'écriture.

De l'*Écriture* gothique.

La Gothique est une écriture de luxe, elle s'emploie pour le commencement et pour la fin des titres qu'elle rend gracieux ; c'est le seul genre d'écriture qui exige des traits.

La Gothique ne souffre pas de médiocrité ; elle est d'une exécution facile, surtout quand on connaît la Ronde.

Nous ne parlons, dans ce traité, ni de la Bâtarde ni de la Coulée ; notre but étant d'être utile plutôt que complaisant. Nous pensons avec raison qu'avec la Nationale, la Compacte, la Ronde et la Gothique, on peut disposer toutes sortes de pièces d'écriture aussi gracieusement que possible, et que la Coulée et la Bâtarde, qu'on ne peut expédier sans en sacrifier la pureté des formes, doivent céder le pas à la Nationale, qui réunit toutes les conditions désirables, car on peut la produire, en l'expédiant, avec autant de pureté que le burin le plus exercé.

PLUMES MÉTALLIQUES.

Conditions qu'elles doivent réunir.

Les bonnes qualités des plumes métalliques consistent principalement dans la finesse de la pointe et dans l'égale élasticité des deux côtés du bec.

Pour l'écriture en fin, la pointe doit être extrêmement fine, le métal très mince, les deux côtés du bec bien égaux, et la fente peu longue.

La force du métal et la longueur de la fente doivent un peu augmenter à raison du degré de grosseur que l'on veut donner à l'écriture, et la finesse du bec diminuer d'une manière peu sensible pour les plus gros caractères.

Pour tous les degrés de grosseur, les deux côtés du bec doivent être égaux en force et en longueur.

Considérations sur les qualités des plumes métalliques et sur les avantages qu'elles procurent.

Nous conseillons à messieurs les professeurs et à tous les chefs d'établissement d'instruction d'adopter immédiatement l'usage des plumes métalliques pour leurs élèves ; de ne point s'arrêter à ce qu'ils peuvent considérer en elles comme des défauts, car ils reconnaîtront que ce ne sont que des qualités, aussitôt qu'ils auront acquis la manière facile de s'en servir que nous indiquons.

Nous pouvons assurer à ceux qui suivront

nos conseils qu'ils n'auront pas envie, après s'être servis de ces plumes pendant quelques semaines, de reprendre les plumes naturelles, et qu'ils seront enchantés de nous avoir cru.

Nous aimons trop notre art pour en sacrifier le moindre progrès à une sorte de plumes plutôt qu'à une autre, et ce n'est qu'après un examen sérieux de huit années, pendant lesquelles nous avons fait un usage constant et unique de ces plumes, avec un succès complet, que nous venons assurer qu'on peut écrire pendant une semaine avec une plume d'un centime, mieux qu'on ne le ferait en usant un paquet de plumes de 5o centimes, pour la taille desquelles on perdrait un jour. Nous donnerons la preuve, la plume à la main, de ce que nous avançons ici, partout où nous serons, et à toutes les personnes qui voudront nous procurer ce plaisir, comme nous prouverons que ceux qui ne peuvent s'en servir avantageusement, même dès la première fois, pour la Nationale ou pour l'Anglaise, ne sont pas non plus à même de faire quelque chose de bien avec tout autre plume. En effet, on

se sert absolument des unes comme des autres ;
il n'y a point de tenue particulière aux plumes
métalliques, et si les plumes naturelles leur
sont préférées par quelques personnes, c'est
qu'elles se prêtent davantage à leurs vices
d'exécution. On peut se convaincre jusqu'à
l'évidence de cette vérité en traçant, à l'aide
d'une règle, des lignes dans tous les sens, soit
avec une plume, soit avec un tire-ligne. Si l'on
essaie de donner à l'un ou à l'autre de ces instruments tout autre direction que celle dont
nous venons de parler, on s'apercevra facilement que plus on s'en écarte, plus on gratte le
papier, de manière à l'érailler et à produire
des traits dentelés.

Après ce simple essai, on sera convaincu
qu'avec une plume en fin, soit métallique, soit
naturelle, on ne peut obtenir le moindre jambage dans toute sa pureté, sans donner à l'une
comme à l'autre de ces plumes la direction
des jambages qu'on trace. On pourra remarquer que les jambages produits par la plume
métallique sont aussi purs et presque aussi ré-
guliers que ceux que produirait un tire-ligne,
et que ceux que produit la plume naturelle

3

sont moins parfaits. Ainsi, quand il n'y aurait pas économie de temps et d'argent à employer les plumes métalliques, nous ne laisserions pas de les recommander à juste titre.

La plume métallique a , même à un plus haut degré, toutes les propriétés utiles de la plume naturelle, sans en avoir les inconvénients ; en effet, elle produit des caractères très purs, et dure très long-temps ; la plume naturelle les produit moins purs, encore la pureté décroît-elle à chaque lettre. Pour bien écrire avec cette sorte de plume, il faut avoir toujours le canif à la main, et comme on ne peut pas les tailler constamment de même, il s'en suit pour l'Ecriture une irrégularité sensible.

Puisqu'on ne peut former aucun trait pur , aucun jambage net avec une plume fine, sans lui donner la juste direction que nous indiquons, ce principe de bonne direction a dû être le fondement de notre méthode, et ce fondement, cimenté avec des principes de facilité d'exécution non moins rationnels , fait de notre méthode un assemblage de règles dont chacune est un axiôme relatif au principe de bonne direction ou de facilité d'exécution.

En effet, la pose de la main, de l'avant-bras, et les divers mouvements que nous prescrivons, concourent tous à rendre la direction de la plume invariable dans tous les exercices ; et ces positions , ces mouvements sont si heureusement combinés, qu'ils procurent une facilité d'exécution qu'on ne peut obtenir par tout autre procédé, en sacrifiant même pureté, grace et forme. Pour prouver que les défauts qu'on attribue aux plumes métalliques ne sont que le résultat de l'ignorance des règles à suivre pour se servir avantageusement d'une plume quelconque, et de la constance funeste qu'on met à suivre des méthodes sans fondement, qui s'opposent à ce que les instruments les plus propres à faire des traits parfaits, puissent servir à en faire seulement de médiocres, quand il s'agit de traits d'écriture , nous proposerons de faire essai du tire-ligne , qui est une sorte de plume métallique, dont on détermine l'ouverture du bec par une vis , au lieu de la déterminer par la pression.

On ne pourra pas objecter, comme on le fait pour la plume métallique, que cet instrument ne convient pas pour exécuter des lignes droites et pures, des jambages nets, puisque c'est un instrument spécial; cependant personne ne pourrait faire avec pureté un jambage plein d'écriture avec cet instrument, en suivant les principes prescrits dans toutes les autres méthodes, pour la position de la main et la direction de la plume; parce qu'il n'y a pas plus deux manières de diriger l'instrument, pour faire une ligne bien pure, qu'il n'y a deux directions à suivre pour la faire droite.

Or, si avec le tire-ligne, l'instrument le plus favorable, on ne peut pas former des lignes avec pureté en s'en servant comme d'une plume, il sera bien plus impossible d'en tracer avec la plume, qui est moins propre que le tire-ligne à en former de régulières; car il faut, avec la plume, conserver le même degré de pression dans toute l'étendue de la ligne, tandis que le tire-ligne ne nécessite pas une pression si régulière; c'est, au reste, la seule chose qui distingue cet instrument de la plume métallique.

Nous ne proposerions pas d'écrire avec un tire-ligne parce que la formation des lettres exige que les deux côtés du bec se réunissent pour obtenir les déliés, ce qui n'est pas propre à cet instrument ; mais il est facile de voir que quiconque ne peut pas faire un jambage plein d'écriture avec un instrument dont on ne peut contester la bonne qualité, ne peut pas non plus le faire convenablement avec une plume quelconque, et que cette impossibilité n'est due qu'au défaut de connaissance de moyens rationnels d'exécution. En effet , on ne peut parvenir à faire une ligne pure avec une plume ou avec un tire-ligne, qu'en donnant à l'entaille de la plume et à l'ouverture du tire-ligne la direction des lignes à tracer ; de même qu'on ne peut obtenir un jambage d'écriture parfait, qui n'est autre chose qu'une ligne oblique, sans donner à l'entaille de la plume la direction qu'on donnerait à l'ouverture du tire-ligne.

Les plumes métalliques ne présentent aucun inconvénient , à moins qu'on n'en voie pour le choix ; car il est vrai qu'une grande partie des plumes qui sont répandues dans le commerce sont mal fabriquées. Toutefois, cet inconvénient n'existe pas pour ceux qui connaissent les vrais principes de l'Ecri-

ture nationale cursive ; car, ne pouvant igno-
rer , avec cette connaissance, les conditions
qu'une plume doit réunir pour être bonne ,
ils peuvent s'en procurer de convenables.

Nous avons remarqué que ce sont les meil-
leures plumes qui plaisent le moins à ceux
qui ne connaissent pas la bonne manière de
s'en servir; c'est sans doute pour s'accommo-
der aux différents caprices que les fabricants
en font de tant de sortes.

Nous avons dû, pour l'avantage de l'art que
nous enseignons, faire disparaître ces inconvénients pour les élèves comme pour les maîtres ; à cet effet, nous avons traité avec un fa-
bricant de plumes métalliques pour qu'il en
fasse d'après nos indications, et nous avons
été assez heureux pour en obtenir tout ce que
nous pouvions désirer.

Nous n'en faisons fabriquer que de six sortes, pour les différents degrés de grosseur ; ce
qui est suffisant, attendu qu'à la rigueur, on
peut écrire en gros avec la plume la plus fine;
mais alors il y a un peu plus de difficulté , il
faut plus de précautions, et ces plumes se dé-
tériorent plus vite. Des plumes bien propor-

tionnées aux différentes grosseurs de caractères sont donc préférables ; pour en faciliter le
choix, les nôtres sont numérotées depuis 1
jusqu'à 6. Le numéro 1 indique celles qui sont
propres aux plus gros caractères, le numéro
6 celles qui conviennent aux plus petits, et les
numéros 2, 3, 4, 5, aux grosseurs intermé-
diaires.

Pour éviter les contrefaçons, chaque carte,
chaque boîte, et même chaque plume porte
notre nom et le numéro.

PLUMES NATURELLES.

De leur choix.

Les plumes naturelles doivent être claires,
minces et fermes. On se sert plus avantageusement de plumes de corbeaux et de canards
que de plumes d'oies.

Manière de tailler les plumes.

Pour tailler une plume neuve, on coupe, du
côté du dos, l'extrémité du tuyau, puis on fait
sur le ventre une entaille d'environ un pouce,
en ayant soin de ne pas enlever plus d'un tiers
du diamètre, afin de lui laisser assez de force
et d'élasticité pour l'effet qu'elle doit produire.

On fait ensuite une fente, qui doit être d'autant plus grande que la plume est plus forte ou qu'on veut former de plus gros caractères. A cet effet, la main gauche étant à demi-fermée, on place le dos de la plume sur la première articulation de l'index, et le pouce sur le ventre ; le médius, presque fermé, lui sert de point d'appui aux environs de l'entaille. Alors on met exactement au milieu de l'entaille la pointe du canif, et l'on obtient la fente en appuyant avec le pouce sur la lame. S'il arrive que cette fente ne soit pas droite et bien nette, on retourne la plume, et on en coupe de nouveau le bout pour en faire une autre. On fait alors, sans changer la plume de position , une entaille du côté droit, en mettant le pouce de la main droite du côté opposé, pour empêcher à la plume de vaciller, puis on la retourne avec le pouce et l'index de cette même main, pour faire une entaille semblable du côté gauche.

On aiguise assez le bec pour qu'il reste fin après la section de ses parties extrêmes. Pour les couper, on place la plume entre l'index et le médius de la main gauche , vers la première articulation de ces doigts, et le côté intérieur du bec sur l'ongle du pouce ; on tient, en le coupant, le tranchant du canif perpendiculairement pour ne rien diminuer de l'épaisseur du bout de la plume, et pour qu'elle ne s'émousse pas aussi facilement que si elle était coupée en biseau, et de manière que la lame forme avec la plume deux angles droits.

On reconnaîtra qu'une plume est bien taillée : 1° si la fente est nette et droite ; 2° si les deux côtés du bec sont égaux en force et en longueur ; 3° si elle n'est pas trop découverte sur son ventre ; 4° si le bec, taillé en fosset, n'est ni trop long ni trop évidé.

TABLE.
De sa hauteur.

L'écrivain étant assis de manière que les cuisses soient dans une direction horizontale et le bas des jambes dans une direction verticale, le dessus de la table doit correspondre au creux de l'estomac.

Observations relatives à la hauteur de la table.

La plupart des méthodes d'écriture donnent pour principe que la hauteur de la table

doit correspondre au coude de l'écrivain assis, et ayant le bras pendant. Il suffira de
donner un coup d'œil sur les élèves d'une
classe où ce principe funeste est adopté, pour
être frappé de leur pénible attitude, et pour
se convaincre du tort qu'elle doit faire à leur
santé.

L'œil étant trop éloigné de leur travail, en
tenant la tête et le corps droits comme ils de-
vraient le faire, on les voit, malgré toute la
sollicitude des professeurs, porter la partie
inférieure du tronc en arrière, et contracter
l'estomac et le ventre pour rapprocher la tête
de la main ; on les voit même souvent faire
supporter le poids du corps par l'estomac appuyé contre la table. Une telle attitude fa-
tigue à un tel point, quelle peut rendre diffor-
me ou produire de graves maladies.

On peut obvier à ce fâcheux inconvénient en
observant le principe que nous prescrivons,
sans rien sacrifier de la beauté et de la facilité
d'exécution ; les mouvements radiographiques n'en seront au contraire que plus faciles
à exécuter, et la position prescrite pour les
avant-bras sera toute naturelle.

DIFFÉRENTES POSITIONS.

Position des différentes parties du corps.

Le tronc doit être en face de la table, et, si l'on est assis sur une siège de hauteur convenable, les cuisses seront dans une direction horizontale ; le bas des jambes, depuis le genou, dans une direction verticale, et les deux pieds peuvent s'écarter sans inconvénient d'un à quatre décimètres, en restant sur une même ligne. Les deux avant-bras doivent être posés à plat sur la table, de manière que les coudes soient sur le bord, et les deux mains aussi à plat vis-à-vis du milieu de la poitrine en commençant à écrire.

La tête doit être légèrement inclinée sur l'épaule gauche, pour qu'on puisse distinguer les effets de la plume jusque dans les plus petits détails.

Position du papier.

Le papier doit être placé précisément en face de la personne qui écrit et de manière que le bas de la feuille ou du cahier soit parallèle au bord de la table. Il est facile de tracer ainsi des lignes parallèles entr'elles, parce que l'œil se trouve également distant des points de comparaison.

De la position de l'avant-bras droit, et de quelques-unes de ses fonctions.

L'avant-bras droit, posé et dirigé comme nous l'avons dit plus haut, forme avec l'arrière-bras un angle aigu, et cet angle reste toujours le même, parce que le coude glisse sur le bord de la table en écrivant, en même temps que la main glisse sur le papier, soutenue par les deux derniers doigts. Le poignet ne doit jamais être appuyé, il est distant du papier de deux à trois centimètres.

Si le papier sur lequel on écrit n'est pas trop large, il est inutile de le changer de place pour faire la ligne entière ; et dans ce cas, le coude droit glissant de gauche à droite sur le bord de la table, se déplace de toute la longueur de la ligne, et le gauche en fait autant. Si le papier est très large, on peut le tirer de droite à gauche quand on a fait la moitié de la ligne, et le pousser ensuite dans la même position en recommençant une autre ligne ;

dans ce cas les coudes ne se déplacent que de la moitié de la longueur de la ligne.

Les coudes ne se déplacent point pendant la formation d'une lettre en gros , ni d'un mot entier en fin. Cette position de l'avant-bras offre, dans sa partie charnue, le secours d'un mouvement de va et vient qui permet de faire facilement un mot entier sans laisser glisser le coude, et sans que pour cela l'angle que forme l'avant-bras avec l'arrière-bras change de forme. Ce n'est donc, pour la fine, qu'à la fin de chaque mot que le coude glisse imperceptiblement , pendant qu'on fait le délié de la dernière lettre ; mais pour la grosse , il se déplace quand les ressources qu'offre ce mouvement sont épuisées , en commençant ou en terminant un jambage plein , et à la fin des mots.

La position de l'avant-bras droit est la même que celle de l'avant-bras gauche ; les deux coudes sont toujours à peu près également éloignés l'un de l'autre , et c'est par un léger mouvement du corps qu'ils se portent alternativement de droite à gauche et de gauche à droite. Ce mouvement est tel que le corps, qui est supporté par le côté gauche du bassin, en commençant une ligne, l'est par le côté droit, en la finissant ; il conserve toutefois constamment un point d'appui sur l'avant bras gauche.

L'emploi d'un instrument appelé *pivot*, dont nous faisons la description plus bas, fera sentir facilement l'importance des règles contenues dans cet article.

Position de la main.

La main, à partir de l'articulation du poignet, est dirigée à droite autant que possible, pour que la plume ait la direction de la pente de l'écriture. Le creux de la main fait face au papier, et les deux derniers doigts, pliés dessous, depuis la troisième articulation, en soutiennent le poids, et glissent sur la surface des ongles. Il est indispensable que cette position soit toujours la même et qu'elle soit rigoureusement observée.

TENUE DE LA PLUME.

La plume est tenue avec le pouce, l'index et le médius. L'index est placé dans la direction de la fente de la plume, et l'extrémité du pouce, qui la tient dans la direction de l'entaille, correspond à la première articulation de l'index. Le médius est placé à côté de l'entaille, à une hauteur suffisante pour ne pas toucher l'encre que contient la plume. Les articulations de ces trois doigts sont toutes arrondies en dehors. La plume, dans sa partie supérieure, quitte l'index un peu au dessus de la deuxième articulation ; et, par la direction à droite donnée à la main, la position en est telle que si on la lâchait, elle tomberait dans la direction des jambages de l'écriture.

Observation sur la tenue de la plume.

La plume tenue dans la position seule parfaite que nous prescrivons dans l'article précédent, offrira peut-être à ceux qui ont contracté une longue habitude de renverser la main à droite, une petite gêne à laquelle ils n'aimeront pas à se soumettre, pendant un temps suffisant pour qu'une nouvelle habitude fasse disparaître cette gêne. Ces personnes pourront donc, pour être immédiatement à leur aise, se contenter de donner à la plume la direction qu'indique la planche 1re, n° 1 de notre Atlas. La plume prenant ainsi une direction un peu moins oblique que celle des jambages de l'écriture, peut produire une grande pureté ; mais toutes les fois qu'on voudra obtenir une pureté parfaite , l'obliquité de la plume devra être égale à celle de l'écriture.

Les professeurs ne devront pas souffrir que les commençants apportent cette modification à la tenue de la plume , de peur qu'ils n'en usent trop largement.

DIFFÉRENTS MOUVEMENTS.

Des mouvements en général.

Les mouvements nécessaires pour exécuter la Radiographie sont au nombre de sept, savoir : deux de l'avant-bras , un de la main, un du corps , un des doigts , un du poignet et un de l'arrière-bras.

Ces différents mouvements permettent de tracer avec facilité , et sans lever la plume, les mots entiers , les lettres de toutes les formes

et de toutes les grosseurs ; sans l'accentua-
tion , et s'il était convenable de lier les mots,
on pourrait exécuter les lignes entières de
cette manière.

Par ces mouvements, les lettres majuscules
et les traits, qui exigent ordinairement une
longue pratique , naissent gracieux sous la
plume , après peu de jours d'exercice.

Premier mouvement de l'avant-bras.

L'avant-bras, qui est, comme nous l'avons
déjà dit , légèrement appuyé sur la table, de
manière que le coude soit sur le bord sans la
dépasser, doit, en pivotant vers cette partie,
se plier et se déplier pour les traits ascendants
et descendants, de telle sorte que la main s'é-
loigne et se rapproche alternativement de la
poitrine. Par ce mouvement, que nous désignerons désormais sous le nom de *premier*,
on peut exécuter avec netteté des jambages de
toutes les longueurs, et ces jambages ont in-
failliblement la pente prescrite ; car nous
avons fondé notre principe d'inclinaison sur
celle que donne tout naturellement ce mou-

vement, sans lequel il n'est point d'écriture cursive exécutée avec pureté.

Second mouvement de l'avant-bras.

Le second mouvement de l'avant-bras est un mouvement de va et vient, qui a lieu à la partie musculeuse sur laquelle il est légèrement appuyé ; il est dû à la conformation de cette partie, et s'exécute dans tous les sens selon le besoin.

C'est par ce précieux mouvement et celui de l'arrière-bras, dont il est parlé plus bas, qu'on a l'avantage immense d'écrire sans que la main et la plume changent de direction. On sait que par tout autre procédé, si l'on veut écrire un mot sans lever la plume et la main, elles sont l'une et l'autre plus renversées à droite à la fin du mot qu'au commencement, et que conséquemment la physionomie des dernières lettres diffère de celle des premières.

Pour bien se rendre raison de ce mouvement, afin d'en tirer le meilleur parti le plus tôt possible, il faut considérer que sans

son secours, on serait obligé, après avoir exécuté, par exemple, le premier jambage d'un *u*
en gros, par le premier mouvement de l'avant-
bras, de pousser, pour exécuter le second, le
coude à droite, à une distance égale à l'inter-
valle des deux jambages, ou de tirer le papier
de droite à gauche comme pour les anciennes
écritures ; tandis qu'en terminant le premier
jambage, par le second mouvement, la main
rentre pour ainsi dire dans le bras, et passe
facilement de ce jambage à l'autre. Ce n'est
donc qu'en commençant ou en finissant un
jambage, et au même instant qu'on appuie
sur la plume pour donner le coup de force
nécessaire, que le coude glisse naturellement,
afin de conserver toujours égale l'ouverture
de l'angle que forme l'avant-bras avec l'arrière-bras.

Ce mouvement est tel, qu'on peut exécuter
un *o* d'un décimètre de longueur et d'une largeur proportionnelle, sans que la plume ni la
main changent de direction.

Mouvement de la main.

Du mouvement de la main dépend la touche délicate et gracieuse qu'exige une belle écriture nationale, à la facilité d'exécution de laquelle il contribue beaucoup.

On doit commencer à le mettre en pratique dans les exercices en gros, parce qu'étant alors plus sensible on le comprendra mieux, et que la main y sera faite pour l'écriture fine où il devient indispensable.

Ce mouvement n'est autre chose qu'un léger balancement de la main dans le sens de la pente de l'écriture. Voici comment on doit opérer ce balancement : la main, que nous avons dit devoir être à plat en écrivant, devra, en montant le délié, se renverser un peu à droite et reprendre insensiblement, en descendant pour former le jambage, la position qu'elle avait avant de commencer le délié.

Le mouvement de la main est plus nécessaire pour la fine que pour la grosse ; pour celle-ci, il n'est qu'auxiliaire, le premier mouvement de l'avant-bras dominant ; il sert de *récréation* à la main qui, sans lui, devrait toujours être dans la même position. Ce qui autorise ce mouvement , c'est que la rigoureuse direction de la plume n'est pas indispensable pour le délié ; la main peut se renverser un peu à droite, comme nous l'avons dit , en le formant , et reprendre la direction rigoureuse , seulement en formant le jambage. Cette sorte de balancement soulage la main et lui donne un jeu plus libre. Pour la fine , il devient mouvement-mère ; le premier mouvement de l'avant-bras se faisant très peu sentir , surtout pour les lettres sans tête ni queue.

Ce mouvement facilite aussi beaucoup l'exécution des lettres majuscules.

Mouvement du corps.

Le corps fait , pendant qu'on écrit , un léger mouvement de droite à gauche et de gauche à droite ; il articule à cet effet vers les hanches, qui se portent un peu à droite, pendant que le haut du corps, en conservant toujours son point d'appui sur l'avant-bras gauche, se porte insensiblement de ce côté jusqu'à la fin de la ligne ; elles font un mouvement opposé, lorsque le corps se reporte à gauche pour commencer une nouvelle ligne. Ce mouvement est tel , que le corps , qui est porté sur la partie gauche du bassin en commençant la ligne, l'est sur la partie droite en la terminant, et que la hanche gauche entre pendant que la droite sort , et réciproquement , au fur et à mesure qu'on écrit. Pour revenir de la fin d'une ligne au commencement d'une autre , ces deux parties font chacune un mouvement contraire.

Mouvement des doigts.

Le mouvement des doigts remplit une partie des fonctions du premier mouvement de l'avant-bras. Je dois faire observer, surtout à ceux qui ont appris d'après d'autres méthodes , que c'est la main entière , tenue constamment dans la direction indiquée, qui, à l'aide des mouvements de va et vient, dessine les différents contours des lettres, et non les doigts seuls, dont le mouvement n'est qu'auxiliaire pour la rapidité : en effet, si au lieu de faire un jambage ou un délié par le premier mouvement de l'avant-bras seul, les doigts se plient en même temps, ils coopèrent chacun par moitié à la formation de ce jambage ou de ce délié, et ce mouvement simultané donne une double célérité à la plume.

Mouvement du poignet.

Le poignet, dont l'articulation doit toujours être libre, s'élève et s'abaisse un peu au besoin. Qu'on se rappelle qu'il ne doit pas toucher le papier, et un peu de pratique fera bientôt sentir l'utilité de ce mouvement.

Observations relatives au poignet.

On doit bien se garder de se servir du mouvement du poignet pour la délinéation des lettres, c'est-à-dire pour remplacer le premier mouvement de l'avant-bras, comme l'indiquent certaines méthodes. Ce serait le plus grand défaut que pussent contracter les élèves. La main doit être constamment dirigée à droite ; aucun trait ne nécessite qu'elle quitte cette direction ; l'angle obtus qu'elle forme à droite avec l'avant-bras doit toujours rester le même.

Mouvement de l'arrière-bras.

L'avant-bras, qui est toujours dans la même direction, se soulève un peu au moment où le coude glisse, pour faciliter le mouvement de l'arrière-bras, qui s'opère en même temps que celui du corps.

DU CHIRAGOGRAPHE ET DE SON UTILITÉ.

Le chiragographe est un instrument simple et d'un emploi très facile, dont la propriété est de fixer invariablement la main de l'écrivain dans la position convenable, sans gêner le jeu d'aucune articulation. Il épargne aux commençants une application qu'ils peuvent réserver tout entière pour la physionomie des caractères, en les empêchant de contracter des vices qui pourraient nuire essentiellement soit à la grâce soit à la facilité d'exécution.

Toutes les petites difficultés que peuvent présenter aux commençants la position de la main et la direction précise de la plume, se trouvent détruites, si l'on en fait usage pendant quelques jours.

Cet instrument donne à la main une sûreté qu'elle conserve ; il l'empêche de se renverser à droite, habitue les deux derniers doigts à glisser sur la surface des ongles, et ne permet point aux élèves de retomber dans les anciennes habitudes qu'ils pourraient avoir contractées, et qui retarderaient beaucoup leurs progrès ; il fixe en même temps la plume dans l'obliquité voulue.

Pour se convaincre de l'utilité du chiragographe, il suffit de prendre connaissance des principes relatifs à la pose de la main et à la tenue de la plume ; il est même indispensable de le faire avant de s'en servir, car, sans cette précaution, on en devinerait peut-être difficilement l'importance.

MANIÈRE DE SE SERVIR DU CHIRAGOGRAPHE.

Les deux demi-anneaux à droite et à gauche de l'instrument sont destinés à recevoir, l'un, l'index, et l'autre, l'auriculaire. Ces demi-anneaux se placent, savoir : le plus grand au-dessus de la deuxième articulation de l'index, de manière que ce doigt soit dedans, et que l'instrument passe sous le médius, puis sur l'annulaire et l'auriculaire, ce dernier doigt entrant dans le demi-anneau au-dessus de la deuxième articulation.

La branche spirale adhérente au demi-anneau dans lequel est le petit doigt, étant d'un métal très souple, on la mettra facilement au point convenable, si elle ne s'y trouve pas, pour qu'elle touche le papier en un seul point en écrivant, et empêche ainsi la main de se renverser à droite.

A côté du demi-anneau de l'index, est un petit crochet où la plume se fixe naturellement.

La dimension du chiragographe doit être relative à celle de la main de l'écrivain.

L'emploi du chiragographe n'est pas indispensable, mais il est très utile aux instituteurs et aux élèves, en ce qu'il rend la tâche de ceux-là plus facile et les progrès de ceux-ci plus sûrs et plus rapides.

DU PIVOT ET DE SON UTILITÉ.

On a vu, à l'article relatif à la position de l'avant-bras, que le coude, légèrement appuyé sur le bord de la table, doit pivoter sur ce

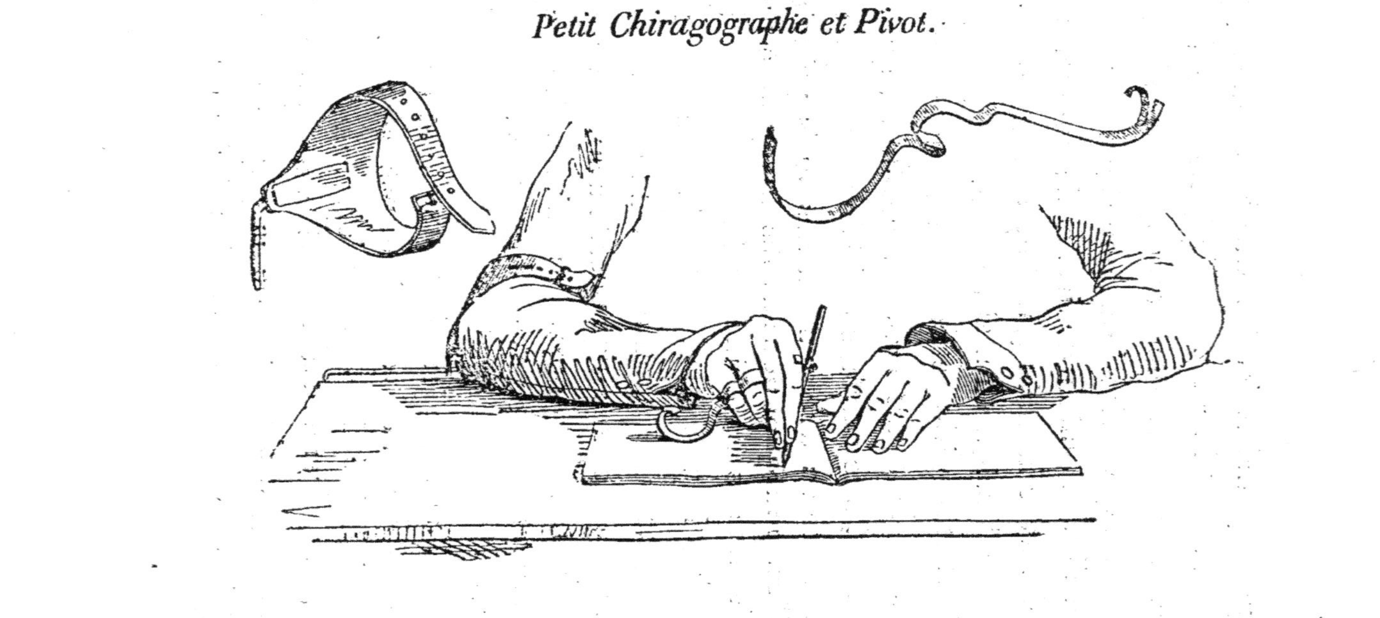

Petit Chiragographe et Pivot.

point pour l'exécution des deux mouvements de l'avant-bras, puis s'éloigner et se rapprocher successivement du papier par le mouvement de l'arrière-bras, pour épargner la peine et l'inconvénient de tirer et de pousser le papier avec la main gauche, comme on le fait pour l'écriture à main posée.

Cette position et ces mouvements, qui sont l'ame de la *nationale*, nécessitent, quoique faciles, une extrême précision, pour qu'on ne s'écarte en aucun point des vrais principes. C'est pourquoi nous avons inventé, à l'effet de fixer sans peine les élèves sur ces trois points importants, un instrument que nous nommons *pivot*, au moyen duquel l'élève ne peut écrire sans bien poser l'avant-bras, sans exécuter à propos le premier et le second mouvement de l'avant-bras ni celui de l'arrière-bras.

A l'aide de cet instrument et du chiragographe, l'élève ne peut pas se tromper : il est guidé dans toutes les règles relatives aux mouvements; il ne lui reste, pour ainsi dire, qu'à s'occuper de la physionomie des lettres, ce qui est le plus facile de l'art, quoique bien des gens croient que l'art soit là tout entier.

La pureté, la facilité, l'élégance et la grâce résultent de la bonne attitude du corps, de la pose rationnelle de la main, de la direction et de la tenue convenables de la plume, de l'exécution des mouvements, qui permettent de ne lever la plume que pour prendre de l'encre ; sans cela, le meilleur dessinateur écrirait toujours mal. Mais comme les formes de l'écriture nationale sont simples, en suivant les principes radiographiques, il n'est personne qui, avec un peu de bonne volonté, ne soit à même de réussir en peu de temps.

Manière de se servir du pivot.

Le pivot est composé d'une sorte de bracelet où se trouve fixée une petite branche de fer dans la direction verticale, et d'une petite tringle qu'on fixe sur le bord de la table dans l'épaisseur de la planche formant le dessus, de manière à laisser entre cette planche et la tringle une distance d'environ deux centimètres.

C'est entre cette tringle et la table, qu'on fait entrer la petite branche du bracelet, fixé lui-même par une boucle au-dessus de l'articulation du coude, de manière que la petite branche de fer corresponde précisément au bout du coude, afin que placée entre la tringle et le bord de la table, elle puisse glisser, en écrivant, dans la longueur de la tringle, de gauche à droite et de droite à gauche, sans permettre au coude, ni à l'arrière-bras, de quitter la position qu'ils doivent avoir.

On fait usage du pivot avec ou sans le chiragographe ; on peut aussi s'en servir avec le porte-plume-chiragographe et le grand chiragographe dont nous parlons ci-après.

Nous dirons du pivot ce que nous avons dit du chiragographe, que cet instrument n'est pas indispensable ; mais qu'il est aussi d'un secours puissant. Les élèves ne comprennent pas toujours les explications, il faut, pour les aider, quelque chose qui parle à leurs yeux en même temps que la théorie parle à leur esprit.

DU PORTE-PLUME-CHIRAGOGRAPHE.

Le porte-plume-chiragographe, quoique d'une extrême simplicité, est d'une utilité remarquable ; nous le recommandons vivement aux professeurs pour tous leurs élèves qui, jusqu'à ce qu'ils soient bien fixés sur la bonne position de la main, doivent en faire un usage constant, non seulement pendant la leçon d'écriture, mais principalement lorsqu'ils écrivent en l'absence de leur professeur ; le prix de cet instrument ne s'opposera pas à ce que les élèves l'adoptent, car il n'est que de *vingt centimes.*

Porte-plume-chiragographe.

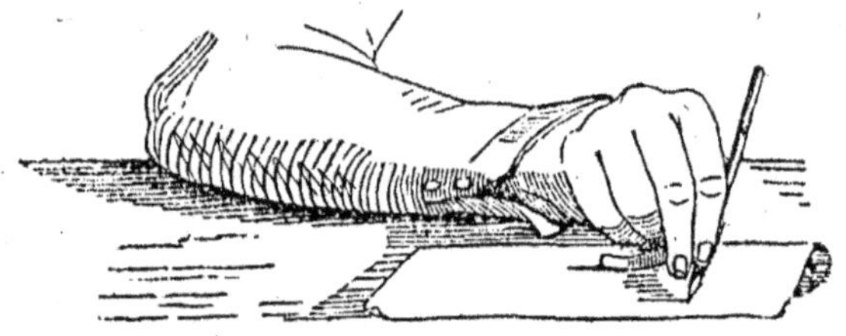

Pour en faire usage, on devra tenir la plume, poser et diriger la main selon nos indications, et mettre au point convenable la petite branche destinée à empêcher la main de se renverser à droite, en l'abaissant ou en l'élevant de manière que l'extrémité droite glisse sur le papier, en même temps que les doigts et la plume. On n'oubliera pas que l'entaille de celle-ci doit être dirigée dans le sens de l'inclinaison des lettres.

On aura pareillement soin de serrer ou d'écarter convenablement, c'est-à-dire d'une manière relative à la grosseur de l'index de l'écrivain, l'extrémité gauche de l'instrument, destinée à maintenir ce doigt dans la position convenable, comme il est facile de le reconnaître à la simple vue de l'instrument.

Si quelqu'un trouvait étonnant que nous prescrivions trois instruments différents, dont chacun tend au même but, nous ferions remarquer que ces instruments ne fonctionnant pas de la même manière, chacun d'eux peut être tour à tour préférable pour certains élèves, et que c'est aux professeurs de déterminer celui dont chacun d'eux doit se servir de préférence.

Si, par exemple, un élève éprouvait des difficultés pour plier les deux derniers doigts sous la main, de manière que les ongles glissassent facilement sur le papier, le grand chiragographe, dont nous parlons ci-après, serait préférable au porte-plume-chiragographe ; et pour la tenue de la plume , le chiragographe simple, dont nous avons parlé précédemment, pourrait , selon la nature des difficultés , être préférable aux deux autres.

DU GRAND CHIRAGOGRAPHE.

Le grand chiragographe est ainsi appelé , parce qu'il est d'une plus grande dimension que les deux dont nous venons de parler : il faut presque une double place à l'élève qui s'en sert.

Cet instrument est celui que nous avons inventé le premier. Il réunit des conditions d'utilité remarquables ; mais l'élévation du prix a porté notre sollicitude à en inventer d'autres un peu mieux à la portée de toutes les bourses , sans être moins utiles.

Quoique nous ayons spécialement recommandé le porte-plume-chiragographe , nous ne laisserons pas de recommander le grand chiragographe, à cause de ses propriétés particulières.

Le prix de *quatre francs* auquel il s'élève ne peut être un obstacle à son emploi, ni pour un amateur, ni pour un instituteur , à

qui un seul peut suffire pour faire commencer
successivement tous ses élèves. Pour les différentes grosseurs de mains, il suffit de changer
le cylindre, et chaque cylindre de rechange
coûte *vingt centimes*.

MANIÈRE DE SE SERVIR DU GRAND CHIRAGOGRAPHE.

Pour se servir du grand chiragographe, on
place cet instrument à sa droite, de sorte qu'il
soit parallèle dans sa longueur au bord de la
table, et qu'une de ses extrémités soit à côté
du papier, vis-à-vis de l'articulation du poignet. On tient ensuite le petit cylindre n° 1
avec les deux derniers doigts, de manière
qu'en posant la main à plat, ces doigts glissent
tous deux sur le papier en même temps que
la plume. En un mot, on écrit comme si la
main était libre, en exécutant les principes
exposés plus haut.

On ne doit pas lâcher le pivot pour prendre
de l'encre ; l'articulation n° 2 permet de lever
et d'abaisser facilement la branche conduc-
trice.

Grand Chiragographe.

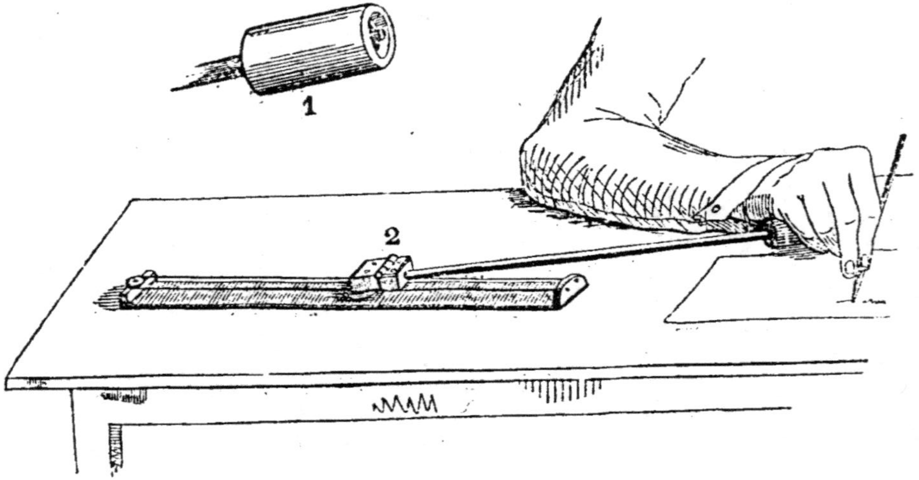

*De la nécessité de fixer les élèves sur les principes ration-
nels d'exécution , lorsqu'ils prennent la plume pour la
première fois.*

L'influence des premières leçons sur l'écriture des élèves est si puissante, que c'est ordinairement de ces premières leçons que
dépend une bonne ou mauvaise main. L'é-
lève qui passerait, par exemple, d'un mauvais
professeur à un bon , aurait infiniment plus
de peine à se corriger de ses défauts, qu'il
n'en aurait eu pour acquérir un moyen rationnel d'exécution en commençant l'étude
de cet art, tant il serait arrêté par la puissante habitude du mal.

Il est donc d'une extrême importance de
fixer invariablement les commençants sur
les principes fondamentaux de cet art, qui,
bien que ne présentant aucune difficulté dans
leur exécution , sont assez compliqués pour
qu'un jeune enfant ne puisse pas les mettre
tous en pratique en même temps et immédiatement, comme il devrait le faire ; car la
dérogation à une seule des règles entraîne,
comme nous l'avons déjà dit , le renversement de tout le système radiographique.

Le premier exercice ne nécessite pas moins l'application des principes relatifs à la tenue de la plume, à la pose de la main, aux mouvements de l'avant-bras, etc., que tous les autres : toutes les difficultés, s'il y en a, y sont attachées, et les élèves, en tâtonnant pour acquérir ces principes, pourraient contracter des habitudes funestes à leurs progrès. Nous nous sommes donc attaché à faire disparaître ces difficultés par un procédé que nous ont suggéré l'expérience et l'étude approfondie des moyens de communiquer notre art. Ce procédé, que nous indiquons ci-après, nous procure l'avantage de faire gagner à nos élèves, en deux ou trois séances, tout le temps qu'ils mettraient pour acquérir l'exécution simultanée de tous les principes, indispensables pour le moindre trait, et répondant en même temps aux exigences des traits les plus compliqués. Il est d'autant plus avantageux, que c'est dès l'âge le plus tendre qu'on doit apprendre à écrire aux enfants, en même temps qu'on leur apprend à lire, et que ces enfants n'étant pas encore assez en état de comprendre les raisonnements, il faut employer pour eux des moyens mécaniques, tout en s'adressant à leur petite intelligence , qui est presque toujours au-dessus de l'idée qu'on s'en fait, afin de leur inculquer ces principes autant , et plus s'il le faut, par la pratique que par la théorie.

Rendre invariable la position de la main et de l'avant-bras des élèves, les habituer à bien diriger la plume et à exécuter les mouvements de l'avant-bras droit ; les fixer sur la physionomie des lettres, en les leur faisant exécuter régulièrement : tel est le but du procédé que nous allons indiquer, et que nous recommandons à la noble patience dont les dignes professeurs doivent toujours être armés.

Manière de fixer les élèves, dès les premières leçons, sur les vrais principes d'exécution.

Assis à la droite d'un élève posé convenablement pour écrire, le professeur, ayant la main droite à plat, placera le bout de l'index entre les deux derniers doigts et la paume de la main de l'élève, de manière

que cet index se trouvant sur la première articulation des derniers doigts de celui-ci,
puisse, en appuyant un peu, les maintenir
dans cette position à l'aide du médius, qu'il
posera dessus. Les deux derniers doigts de
l'élève se trouveront fixés, comme on le
voit, par l'index et le médius du maître dans
la position convenable. Les deux derniers
doigts du maître, repliés sous sa propre main,
glissent sur les deux ongles en faisant écrire
l'élève, et le bout de son pouce glisse pareillement sur le papier, ou est appuyé, au besoin, contre l'articulation du poignet de l'é-
lève.

La main gauche du maître tient en même
temps la plume dans sa juste direction, avec
l'index et le pouce, au dessus de la deuxième
articulation de l'index de l'élève, de manière
que le côté extérieur du premier de ces doigts
soit contre le côté extérieur du même doigt
de l'élève; et le second placé à plat sur ce
même doigt, tient avec l'index, comme nous
venons de le dire, la plume à la hauteur
et dans la direction prescrites. Le médius du
professeur est en même temps placé entre la

plume et le pouce de l'élève, l'annulaire sur le pouce de ce dernier et le petit doigt dessous. L'avant-bras gauche du maître repose sur l'avant-bras droit de l'élève, et lui imprime les mouvements de va et vient prescrits, tandis que sa main droite fait exécuter à l'élève le premier et le second mouvement de l'avant-bras. Pendant cette exécution le professeur fait remarquer à l'élève toutes les règles qu'il lui fait exécuter, et lui en explique l'importance.

Au fur et à mesure que l'élève acquiert quelque chose des principes, on ne l'aide plus pour ce qu'il a acquis. Si, par exemple, il comprend bien la tenue et la direction de la plume, le professeur n'a plus besoin de la tenir, et sa main gauche change de position pour l'aider dans ce qu'il a le moins compris. Il peut alors tenir avec cette main l'arrière-bras de l'élève vers le coude, le faire glisser convenablement sur le bord de la table et imprimer, de ce point, à l'avant-bras le mouvement de va et vient.

Lorsque l'élève est pareillement fixé sur la pose de la main, la main droite du professeur est avantageusement placée sur le milieu de l'avant-bras de l'élève, d'où il peut encore le fixer sur les mouvements de l'avant-bras ; sa main gauche remplit toujours en même temps les fonctions que nous venons d'indiquer.

Enfin , lorsque l'élève connaît la bonne direction de la plume , la pose de la main et les mouvements , le professeur peut encore le guider seulement pour la délinéation des lettres. Il maintient, à cet effet, la plume de la main gauche , comme nous l'avons indiqué plus haut, pendant que sa main droite, tenant l'arrière-bras vers le coude, de manière que les quatre doigts longent l'avant-bras, lui imprime tous les mouvements nécessaires. Un maître un peu exercé fera exécuter ainsi à ses élèves tous les exercices aussi bien qu'il les exécuterait de sa propre main. On comprendra facilement que cette manière de démontrer lès formes des caractères, tout en les faisant exécuter aux élèves , vaut infiniment mieux que si on les leur démontrait en les exécutant soi-même , comme on le faisait ordinairement.

EXPLICATION DES FIGURES

DE LA PREMIÈRE PLANCHE DE L'ATLAS.

FIGURE N° I.

La figure n° 1 représente l'attitude qu'on doit avoir en écrivant : on voit que le corps est d'aplomb, que la tête est légèrement inclinée à gauche, que les coudes sont sur le bord de la table, que les avant-bras forment avec les arrière-bras des angles aigus, que la main gauche accompagne la droite pour empêcher le papier de vaciller, que les deux mains sont à plat, que la droite est soutenue par les deux derniers doigts qui glissent constamment sur les ongles, que cette main est suffisamment dirigée à droite pour que l'entaille de la plume ait la direction indispensable pour obtenir la pureté des formes, c'est-à-dire celle des jambages de l'écriture.

Remarque. — La table représentée dans cette figure étant trop basse, l'œil est trop éloigné de l'écriture ; il convient, comme nous l'avons dit plus haut, qu'elle corresponde au creux de l'estomac.

Figure n° 2.

Cette figure indique que la pente de l'écriture nationale est égale à la diagonale d'un carré, et que, pour exécuter un jambage parfaitement pur, il convient de donner à l'entaille de la plume la direction parfaite, c'est-à-dire celle des jambages qu'on trace.

Les jambages qu'on obtient de cette manière présentent la figure d'un rectangle.

Figure n° 3.

Cette figure indique qu'on peut obtenir des jambages passables en tenant la plume dans une direction qui ne soit pas absolument celle des caractères qu'on trace, pourvu qu'elle s'en rapproche beaucoup ; car plus on s'éloigne de cette direction, plus l'écriture est vicieuse et l'expédition difficile.

Figure n° 4.

La figure 4 représente une direction de plume par laquelle il est impossible d'obtenir un seul jambage passable : cette direction se refuse à toute analyse ; le simple examen de la figure suffit pour convaincre de cette vérité. En effet , on remarquera facilement que, pour traîner ainsi la plume du haut en bas, il faut une pression beaucoup plus forte que si le bec en était dirigé dans le sens de sa flexibilité : de cette manière la pression a lieu, presque tout entière , sur le côté droit du bec seulement ; car, s'il en était autrement, le côté gauche se rapprocherait du droit. Aussi, pour les exercices en gros, n'est-il point de plume métallique ni de papier qui supportent ce vice de direction : le papier s'éraille, si la plume résiste ; mais le plus ordinairement elle se casse. On ne doit pas s'étonner, d'après cela, de la défaveur que jettent sur les plumes métalliques les propagateurs de semblables principes. Les plumes naturelles ne cassent pas, il est vrai ; mais quels effets produisent-elles tenues dans cette direction , même par les mains les plus habiles ? ceux d'un pinceau de mauvaise qualité.

Nous affirmons donc qu'aucune lettre ne peut être formée que très imparfaitement, par qui que ce soit, avec une plume ainsi dirigée, quoique tous ceux qui ont écrit sur cet art aient prescrit cette direction. Nous affirmons pareillement que la coupe horizontale qu'ils ont fait donner à l'extrémité supérieure et à l'inférieure de tous les jambages pleins, dans leurs modèles gravés , n'est nullement conforme à la raison, et que, pour prescrire une pareille coupe, il faut avoir une grande ignorance des effets de la plume, et ne pas avoir honte de donner pour principe non seulement ce qu'on ne peut pas exécuter soi-même , mais encore ce qui est impossible à tout le monde.

Nous allons ajouter une nouvelle preuve de ce que nous avançons ici à celle que nous en avons déjà donnée.

Qu'on se propose, par exemple, de faire un simple jambage plein, et, pour que le vice du principe que nous combattons soit plus frappant, que ce soit un jambage en gros. Comme on se sert pour l'anglaise de plumes à pointe fine, on ne pourra pas, pour obtenir le degré de grosseur désiré, se dispenser de faire ouvrir le bec de celle dont on se servira, et, pour que le jambage à tracer ait une coupe horizontale , il n'existe certainement aucun autre moyen que celui de faire ouvrir le bec de la plume en donnant à l'entaille la direction verticale. Mais comme on ne peut en faire ouvrir le bec sans une certaine pression ni écrire sans encre, personne ne peut douter, même sans essai, qu'une plume dirigée verticalement, ayant une certaine épaisseur, et contenant de l'encre qui augmente cette épaisseur, ne puisse être pressée dans cette direction sans que la pression produise une partie de jambage verticale. Or, un jambage oblique, dont l'extrémité est verticale, présente un défaut insupportable ; donc il est absurde de diriger verticalement l'entaille de la plume à pointe fine pour commencer un jambage oblique ; et, pour le terminer, ce jambage, devra-t-on traîner jusqu'à la fin, la plume ainsi dirigée de travers et éraillant le papier ? ou donnera-t-on à cette plume la direction du jambage qu'on exécute, afin d'éviter les dentelures qu'elle produirait ? Ce dernier moyen serait certainement le meilleur ; mais comme il ne produirait pas une coupe horizontale au bas du jambage, ainsi que l'exigent ceux qui nous ont précédé dans la carrière, on devra sacrifier toute pureté, si

l'on ne veut pas contrevenir à leurs principes, et le continuer en faisant précéder le
côté droit du bec de la plume du côté gauche,
au lieu de les faire descendre tous deux de
front comme la simple raison le prescrit.

On voit donc clairement qu'une semblable
direction de plume doit être à jamais aban-
donnée, puisqu'on est convaincu qu'en la
mettant en pratique on ne peut obtenir que
des résultats imparfaits. Cette erreur notoire
n'est pas la seule qui nous porte à condamner
l'anglaise : il en est d'autres non moins graves
que nous signalons dans le chapitre qui
traite de l'écriture nationale à main posée.

Figure n° 5.

Cette figure représente la direction de la
plume la plus en usage quoique la plus mauvaise ; elle est généralement adoptée par ces
sortes d'individus , qui, écrivant un peu
moins mal que leurs voisins, s'imaginent qu'ils
sont nés maîtres d'écriture; et, comme dans la
plupart des villes il n'y a guère d'experts en
cet art, ils acquièrent avec ce talent imaginaire
autant de réputation que ceux qui en ont

un véritable. Leur manière d'enseigner réunit toutefois plusieurs avantages factices, qui se prêtent un peu à leur attirer cette réputation : ces sortes d'avantages consistent en ce que l'enfant, n'ayant à s'occuper de l'étude d'aucun principe , écrit comme il est susceptible de le faire avec de tels procédés , presque aussi promptement qu'avec des principes rationnels.

Quand un enfant a terminé, sous un tel maître, l'étude de cet art, non seulement il ne connaît rien de ce qui le constitue , mais il a malheureusement contracté des vices qui s'opposent à ce qu'il en connaisse davantage plus tard , à moins qu'il ait assez de patience pour prendre de nouvelles habitudes en renonçant aux anciennes ; ce qui se rencontre rarement.

L'admission de ces sortes de maîtres dans des établissements d'instruction est abusive : ils ne servent de rien, si ce n'est à tailler les plumes; aussi se gardent-ils bien d'apprendre aux élèves à les tailler eux-mêmes, et de leur permettre l'usage des plumes métalliques ; car ils n'ignorent pas que, privés de cette be-

sogne leur nullité serait complète, et qu'on pourrait fort bien, sans eux, faire remarquer aux élèves la différence des caractères qu'ils tracent avec ceux de leurs exemples , et leur prescrire, si on le ugeait à propos, les principes ci-après , dont ils nous ont rebattu les oreilles , et qui datent sans doute de l'époque à laquelle on s'honorait de ne pas savoir signer : «Avoir la jambe gauche plus allongée
« que la droite, le corps à 5[4 de pouce de
« la table, de manière que le côté gauche en
« soit rapproché d'un demi-pouce de plus
« que le droit ; la tête penchée , assez seule-
« ment pour distinguer les lettres qu'on for-
« me ; le coude à un pouce 1[2 du corps ; la
« plume dans la direction de l'épaule droite ;
« etc., etc.»

Si l'on ne sentait pas tout le ridicule de ces principes , il serait facile de s'assurer qu'aucun des maîtres qui les prescrivent n'est assez sot pour les mettre en pratique, et de se convaincre ainsi que l'instinct de cette sorte d'artistes est plus grand que leur génie.

Bien des gens sont encore imbus de ce

préjugé, que les enfants se gâtent la main en apprenant le latin, parce qu'ils écrivent trop ; ce sont sans doute les mauvais maîtres qui ont fait naître ce préjugé pour tâcher de rendre ainsi raison de leur peu de succès.

Nous savons nous que , si un enfant a de bons principes radiographiques, plus il écrit, plus il acquiert de facilité d'exécution, et plus son écriture devient élégante et gracieuse ; car écrire beaucoup est une condition indispensable pour acquérir une perfection remarquable.

Il est toutefois juste de dire que le plus habile professeur d'écriture ronde , d'écriture coulée et d'écriture bâtarde ne peut, dans aucun cas, avec les principes adoptés, garantir une belle expédiée à son élève , car il ne lui enseigne rien pour cela.

Ce n'est donc pas de ce professeur que dépend le degré de perfection de l'expédiée de l'élève, pour les différents genres d'écriture, mais de l'élève lui-même. En effet, le professeur a dû nécessairement lui enseigner à faire tourner la plume dans les doigts pour les courbes, et pour obtenir les déliés à la fin de chaque jambage ; ce qui ne convient que pour une écriture à main posée, et non pour une écriture expédiée. Cependant l'élève a appris à écrire pour expédier, et non pour dessiner : il n'a donc pas atteint le but qu'il se proposait. Qui le lui fera donc atteindre ?.... Il ne peut avoir recours qu'à lui seul, quoiqu'il lui reste le plus difficile à inventer.

D'après ce que nous avons dit de l'anglaise et ce que nous venons de dire des anciennes écritures françaises, on voit clairement qu'il n'existe aucune autre écriture rationnelle que la nationale, puisque c'est la seule qui s'exécute, dès la première leçon, à main courante, comme on doit écrire toujours. Aussi les enfants, après avoir appris la radiographie, ne s'appliqueraient-ils pas constamment à la juste délinéation des caractères, qu'ils n'en oublieraient pas pour cela la forme ; et, pourvu qu'ils observent les principes d'exécution, ce qu'ils pourront écrire, même le plus mal, contribuera à leur procurer de la facilité pour bien écrire, quand il leur plaira de donner aux caractères les formes convenables, avec la précision nécessaire.

Messieurs les professeurs comprendront assez, nous l'espérons, la justesse et l'importance de ces observations, pour s'attacher, dans leurs leçons, à les faire comprendre à leurs élèves.

Figure 6 et 7. (Planche 1ere).

L'une de ces deux figures représente la main de l'écrivain vue du côté du pouce, et l'autre la représente vue du côté opposé à ce doigt.

On peut remarquer que le bout du pouce correspond à la première articulation de l'index, que la plume quitte ce doigt vers la deuxième articulation, que l'index est sur le dos de la plume, le bout du médius à côté et au commencement de l'entaille ; que toutes les articulations des doigts sont légèrement arrondies en dehors, et que les deux derniers doigts glissent sur la surface des ongles.

La main dessinée de cette manière ne permet pas qu'on en sente la direction à droite. *(Voir, pour ce principe de direction, la figure première).*

DE L'IMPORTANCE DE RÉGLER LE PAPIER
EN APPRENANT A ÉCRIRE.

Quoiqu'il soit fort avantageux de régler le papier en apprenant à écrire, beaucoup de gens s'imaginent que ce procédé tend à faire contracter de mauvaises habitudes aux élèves. Ils auraient raison, si cela les obligeait à le faire toujours; mais de ce qu'on a besoin de guide en commençant, il ne s'ensuit pas que ce guide soit toujours nécessaire. En réglant le papier, les élèves s'habituent à la bonne forme des lettres, parce que les deux lignes entre lesquelles ils écrivent leur fournissent le moyen de les tracer régulièrement. Plus tard, ils suppriment d'abord une ligne, ensuite l'autre, et l'œil alors ne pouvant supporter les irrégularités auxquelles il n'est pas accoutumé, il s'ensuit que dès la première fois qu'ils écrivent sans que le papier soit réglé, ils vont plus droit et écrivent bien mieux que s'ils avaient toujours écrit sans qu'il le fût.

Les élèves ayant à s'occuper de l'observation de trop de règles à la fois en commençant à écrire, feraient, pendant longtemps, s'ils ne réglaient pas le papier, des jambages plus longs ou plus courts qu'ils ne doivent être ; et non seulement ils n'iraient pas droit, mais encore ce défaut en produirait d'autres.

On sait d'ailleurs que ce n'est ni en allant de travers qu'on apprend à aller droit, ni en faisant mal qu'on apprend à bien faire : c'est pourquoi on doit s'attacher, par tous les moyens possibles, à mettre les élèves dans la bonne voie, et ce n'est que quand ils la connaissent invariablement qu'ils doivent marcher seuls.

Nous donnons donc, ci-après, la marche qui nous paraît la plus facile à suivre, pour que les élèves puissent régler le papier de manière à déterminer d'abord la hauteur des lettres seulement, pour les exercices qui n'ont ni têtes ni queues, et à fixer aussi, pour les autres exercices, celle des têtes et des queues qui s'y trouvent. Nous donnons même la manière de tracer des lignes qui déterminent, par leur obliquité, l'inclinaison de l'écriture, et, par leur distance mutuelle, la largeur d'un corps d'écriture à laquelle on peut comparer facilement, en écrivant, la distance relative de chaque lettre. Nous pensons cependant que ce dernier procédé n'est pas très nécessaire, attendu que l'inclinaison prescrite s'obtient tout naturellement par le mouvement régulier de l'avant-bras, et que les distances relatives s'observent assez facilement, pourvu qu'on ne fasse pas des liaisons n° 1 pour des liaisons n° 2, et réciproquement.

Manière de régler le papier.

Le professeur, à l'aide d'un compas et d'une règle, trace au crayon toutes les lignes horizontales, déterminant la hauteur des lettres en laissant un petit interligne.

Après cette opération, il fait un point avec une aiguille à l'extrémité de chacune des lignes qu'il a tracées, en appuyant assez fort pour que les feuillets suivants soient percés. S'ils ne le sont pas tous, il renouvelle le pointage à partir des feuillets sur lesquels les points commencent à être peu apparents. Il est ensuite facile à l'élève, à l'aide de ces points, de régler tout un cahier d'une manière exacte et uniforme.

Pour abréger son travail, le professeur peut donner une de ces feuilles pointées à chaque élève qui, en la plaçant sur son cahier, pourra le pointer et le régler lui-même.

On suivra le même procédé pour les exercices à têtes et à queues, en observant de donner 3 corps et $1\mid2$ aux interlignes, et de tracer, au milieu de chacun, une ligne qui détermine la longueur des queues bouclées de la ligne précédente, et celle des têtes bouclées de la ligne suivante, ces sortes de têtes et de queues devant avoir chacune 1 corps $3\mid4$, comme nous l'avons dit plus haut.

Il nous paraît inutile de déterminer par des lignes la longueur des têtes et des queues non bouclées, car il est facile de leur donner un quart de corps de moins qu'aux lettres bouclées.

La tête du p et celle du t ont la moitié de la hauteur des têtes non bouclées ; et la queue du z, qui prend naissance au tiers de la hauteur du corps de cette lettre, la dépasse d'un corps seulement.

Si le professeur le juge à propos, il pourra tracer, après avoir réglé le papier comme nous venons de l'indiquer, des lignes obliques pour déterminer la pente et l'espace pris pour terme de comparaison de la distance des lettres entre elles. A cet effet, il tracera un carré à l'angle gauche supérieur de la page, et, avec une ouverture de compas égale à la moitié de la hauteur des lettres, prise verticalement, il déterminera horizontalement la largeur d'un corps d'écriture. Pour l'exercice dixième et les suivants, cette largeur est des deux tiers de la hauteur d'un corps au lieu de la moitié.

DES LIAISONS ET DES DÉLIÉS.

Nous nommons *liaison* tout trait délié qui joint une lettre à une autre hors de ces cas, un pareil trait n'est pas une liaison, bien qu'il s'exécute de même et qu'il ait la même forme.

Il y a trois sortes de liaisons dont la distinction est indispensable pour comprendre les indications que nous donnons pour lier convenablement les lettres entre elles, pour donner aux caractères la forme convenable, et pour faire l'analyse de l'écriture. Nous les distinguons par les noms suivants : *Liaison n° 1, Liaison n° 2, et Liaison composée.*

La liaison n° 1, est celle qui est légèrement arrondie du côté gauche. (*Voir le 1er exercice, planche 1ere bis.*)

La liaison n° 2, est celle qui est légèrement arrondie du côté droit. (*Voir 2me exercice, planche n° 1 bis.*)

La liaison composée est ainsi appelée parce qu'elle est formée de la liaison n° 1 dans la partie supérieure, à partir du milieu, et de la liaison n° 2 dans la partie inférieure, à partir du bas du jambage. Elle prend le nom de *composée-couverte* lorsqu'elle sert à la formation des jambages courbes.

Il y a pareillement trois sortes de déliés, dont les deux premiers sont semblables pour l'exécution et pour la forme, l'un à la liaison n° 1, l'autre à la liaison n° 2.

Nous désignerons ces différentes sortes de déliés par les noms suivants : *Délié n° 1, Délié n° 2, et Délié n° 3.*

Le délié n° 1 est celui qui est légèrement

arrondi du côté gauche ; exactement comme la liaison n° 1. (*Voir planche* 1ere *bis , exercice* 1er.)

Le délié n° 2 est celui qui est arrondi du côté droit, exactement comme la liaison n° 2. (*Voir planche* 1ere *bis,* 2me *exercice.*)

Le délié n° 3 n'a pas de forme bien déterminée ; il se fait, comme on le verra plus bas, à la fin de certaines lettres terminant un mot.

Remarque. Il existe une quatrième sorte de liaison et de délié, c'est le *trait-fin* qui joint le *f* ou le *s* à une autre lettre, ou qui, à la fin des mots, termine une de ces lettres. Ce trait part du point où l'on faisait autrefois sur ces lettres une barre horizontale pour les distinguer de celles qui pouvaient leur ressembler. Mais comme la forme de ces lettres est modifiée de manière à être parfaitement distinguée sans que ces sortes de barres, qui écrasaient l'écriture, soient de la moindre utilité, il suffit de faire un trait qui serve en même temps de liaison et de barre.

Nous nommons ce trait *liaison-barre* quand il joint une de ces deux lettres à une lettre suivante, et *délié-barre*, quand il termine ces lettres à la fin des mots.

Nous devons faire remarquer pareillement que le concours des deux côtés du bec est indispensable dans l'exécution des liaisons et des déliés, pour qu'on évite le crachement de la plume ; d'ailleurs, d'après les principes établis, la plume ne tourne jamais dans les doigts, elle est donc conséquemment dirigée pour les jambages comme pour les déliés et les liaisons.

DES JAMBAGES,

Nous nommons *jambages* toutes les parties constitutives d'une lettre, susceptibles d'un coup de force, et nous les divisons en jambages droits et en jambages courbes, bien que tous ceux que nous appelons droits ne le soient pas dans toute leur étendue.

Pour la nationale, tous les traits descendants sont des jambages, et tous les traits ascendants sont des liaisons ou des déliés. Il n'y a d'exception que pour le *z* dans lequel le trait descendant qui joint les deux parties extrêmes de cette lettre est un délié.

Les jambages courbes sont ceux qui n'ont aucune partie droite, et les jambages droits, ceux qui le sont entièrement ou seulement en partie.

DU CORPS DES LETTRES.

Le corps d'une lettre est la hauteur et la largeur qu'ont toutes lettres composées de deux jambages de la même hauteur, sans avoir égard aux têtes ni aux queues ; toutes les lettres ainsi composées sont égales entre elles en hauteur et en largeur. La largeur du corps se mesure des yeux horizontalement : elle est égale à la moitié de la hauteur pour les dix premiers exercices, et aux deux tiers pour tous les autres. La hauteur, qui est arbitraire, se mesure verticalement.

La hauteur du corps sert de terme de comparaison à la hauteur des têtes et des queues, et la largeur, à la distance des lettres entre elles et des mots entre eux.

Nota. Les distances se mesurent du milieu du trait de plume, sans avoir égard à la grosseur de ce trait.

DE LA LONGUEUR DES TÊTES ET DES QUEUES
des lettres.

Toute tête ou queue bouclée a 1 corps

3|4, pour la grosse et la moyenne, et 2 corps pour la fine.

La tête du *d*, la queue du *p* et celle du *q* n'ont que 1 corps et 1|2, parce que, ces jambages non bouclés étant pleins, une plus grande longueur chargerait trop l'écriture.

La tête du *p* a 3|4 de corps, ainsi que celle du *t*.

La queue bouclée du *z* ne dépasse les autres lettres que de 1 corps.

DE LA DISTANCE DES LIGNES.

Les lignes doivent être distantes les unes des autres de l'espace qu'occupent les queues des lettres de la ligne supérieure et les têtes de la ligne inférieure, c'est-à-dire de 3 corps 1|2, pour la grosse et la moyenne, et de 2 corps pour la fine.

DE LA HAUTEUR DES LETTRES MAJUSCULES.

La hauteur des lettres majuscules est de 2 corps 3|4 pour la grosse et la moyenne, et de 3 corps pour la fine, c'est-à-dire d'une hauteur égale aux lettres bouclées. On ne peut convenablement leur donner plus de hauteur, sans s'exposer à les tracer sur les

queues des lettres précédentes, ce qui serait
très défectueux.

DISTANCE DES LETTRES ENTRE ELLES.

Première règle.

Un jambage droit lié à un jambage de
même espèce par une liaison n° 1 ou n° 2 in-
différemment, doit en être distant de 1 corps.

Deuxième règle.

Un jambage droit lié à un autre jambage
droit par une liaison composée, en est dis-
tant de 1 corps 1|2.

Troisième règle.

Un jambage droit joint à un jambage
courbe par une liaison composée couverte,
en est distant de 3|4.

Quatrième règle.

Un jambage droit lié à un jambage courbe,
et un jambage courbe lié à un jambage droit
par une liaison n° 1, ou n° 2, en est distant
de 3|4 de corps.

Cinquième règle.

Un *o* lié à un jambage droit par une liaison composée, en est distant de 1 corps.

Sixième règle.

Un jambage courbe lié à un jambage de même espèce par quelque liaison que ce soit, en est distant d'un 1 1 1/2 corps.

Septième règle.

La distance du côté droit d'un *c*, d'un *e* et des deux côtés d'un *x* à une lettre suivante, se calcule à partir d'une ligne qu'on suppose tirée du sommet supérieur au sommet inférieur de chacune de ces lettres. Considérant alors cette ligne supposée comme un jambage droit, on suit, dans tous les cas, les règles qui ont rapport à cette sorte de jambage.

Huitième règle.

La distance d'un *s* à une lettre suivante se calcule comme celle d'un *o*, parce que c'est un jambage courbe; mais la distance d'un jambage droit à un *s*, qui doit être de 5 1/4 de corps, à cause du coup de force final qui

occupe un peu de place entre les deux lettres,
se mesure de ce jambage à une ligne qu'on
suppose passer par le sommet de l'angle aigu
que forme la liaison avec le bout du *s*, et par
le milieu de la partie d'ovale que présente
le bas de cette lettre. Quelle que soit donc la
forme de la lettre qui précède le *s*, cette lettre
sera distante d'un quart de plus que ne le serait un jambage droit.

Neuvième règle.

La distance d'un jambage quelconque à un
z, se calcule comme si cette lettre était un
jambage droit, mais la distance d'un *r* à un
autre jambage, se calcule depuis une ligne
qu'on suppose tirée, dans le sens de la pente,
de la jonction du coup de force supérieur à
la partie inférieure, et passant par l'axe de la
partie d'ovale que présente le bas de cette
lettre, qui doit être, dans tous les cas, distante
d'une autre d'un quart de corps de moins
que ne le serait un jambage droit.

Dixième règle.

La distance d'un *z* à une lettre précédente

ou suivante, doit être, dans tous les cas, d'un quart plus grande que celle que nous avons prescrite pour un jambage droit, si on la mesure du milieu du délié qui en joint les deux parties extrêmes, et de moitié moins grande, si on la mesure à partir du jambage inférieur de cette lettre.

DE LA DISTANCE DES MOTS ENTRE EUX.

La distance d'un mot à un autre mot doit être telle que, en faisant un *u* entre deux, cette lettre soit distante de celle de gauche et de celle de droite selon les règles ordinaires.

INDICATION DES PLUMES CONVENABLES
pour chacun des différents exercices.

L'auteur, pour que ses élèves ne soient pas exposés à se servir de mauvaises plumes, en a fait fabriquer de 6 sortes qui répondent aux divers degrés de grosseur, et chaque espèce porte un n° distinctif.

Pour les 9 premiers exercices, la plume n° 1 est la plus convenable.

Pour le 10me, le 11me, le 12me, le 13me et le 14me, c'est la plume n° 2.

Pour le 15me, le 16me, le 17me et le 18me, la plume n° 3.

Pour le 19me et le 20me, le n° 4.

Pour le 23me et le 24me, comme pour l'écriture la plus fine possible, c'est le n° 6.

OBSERVATIONS SUR L'EXÉCUTION
du premier exercice.

Pour se fixer sur la physionomie de chaque jambage considéré avec la liaison qui le précède, on devra remarquer qu'en menant une ligne perpendiculaire du point où la liaison quitte le jambage au jambage suivant, on obtient une figure semblable à la moitié d'une ellipse. C'est sur cette figure que nous nous modelons pour la formation de toutes nos lettres, soit majuscules, soit muniscules ; aussi chacune d'elles représente-t-elle une ellipse ou une partie d'ellipse.

Il convient, pour qu'une écriture soit régulière et facile, d'adopter un type déterminé. Nous avons adopté celui-ci parce qu'il nous a paru le plus gracieux et en même temps le plus propre à faciliter l'exécution ; mais, comme tous les élèves ne connaissent pas cette figure de géométrie, nous comparons les différentes parties d'ellipse que présentent nos jambages à un pain de sucre, dont ils connaissent mieux la forme, et qui d'ailleurs se rapproche assez de la physionomie que nous avons adoptée, tant pour lier nos lettres que pour les former.

Lorsque ce type particulier est bien compris des élèves, ils donnent sans peine à chaque lettre la forme convenable, et la distance relative de chacune se trouve observée sans aucun calcul.

Pour bien exécuter cet exercice, il faut, quant à la physionomie, se figurer qu'on dessine un pain de sucre incliné; mais on doit bien se garder de n'avoir égard qu'à la délinéation, car il est important que, dès cette première leçon, on mette en pratique tous les principes relatifs à la bonne position du corps, du papier, de la main, de l'avant-bras droit, de l'avant-bras gauche, et surtout à la bonne direction de la plume; ne jamais commencer à écrire sans rendre présentes à son esprit les règles relatives à ces divers objets, afin de les observer rigoureusement.

Si on exécute cet exercice selon les règles on a la clef d'exécution de tous les autres.

Le premier délié sera donc exécuté par le mouvement ascendant de l'avant-bras; pendant l'exécution, les deux derniers doigts glisseront sur les ongles, la plume sera dirigée comme l'indique la figure 2, planche 1ere *bis*, ou, au pis aller, comme l'indique la figure 3 ; en exécutant ensuite le mouvement descendant de l'avant-bras pour former le jambage, on observera de tracer une courbe bien légère à son extrémité supérieure, sans appuyer sur la plume, car on ne doit commencer le coup de force, qui augmente progressivement jusqu'au bas, que quand la plume descend droit. Pour que le bas du jambage présente une coupe nette, on fait rejoindre les deux côtés du bec de la plume, qui se trouvent alors séparés, par un petit mouvement de la main de gauche à droite.

On ne lève pas la plume après l'exécution d'un jambage, à moins que ce ne soit pour prendre de l'encre : il faut la faire remonter, sur le jambage lui-même pour qu'elle en sorte au milieu ; mais avant qu'elle ne remonte, et pendant qu'elle est appuyée sur la fin du jambage, l'avant-bras et le coude glissent à droite sur la table, autant, à peu près, que la main doit s'avancer de gauche à droite, pour former le jambage suivant. La même chose doit avoir lieu à la fin de chaque jambage de cet exercice : ce mouvement est d'ailleurs si naturel qu'on le fait bientôt sans y penser.

ANALYSE DU PREMIER EXERCICE.

Chaque liaison sort du milieu du jambage précédent, et, considérée avec le jambage suivant, elle présente, dans la partie supérieure, la forme du haut d'un pain de sucre incliné.

La pente des jambages est égale à la diagonale d'un carré, et la distance qui sépare chaque jambage, est égale, prise horisontalement, à la moitié de la hauteur prise verticalement.

Observations relatives à l'analyse de chaque exercice.

L'élève doit savoir par cœur l'analyse de l'exercice qu'il exécute, et le professeur, après lui avoir fait faire celle du modèle, et s'être assuré qu'il la comprend bien, lui fait analyser son propre travail, en l'obligeant à se servir des expressions du texte ; si ce travail n'y répond pas, l'élève doit le corriger lui-même immédiatement.

On peut, en commençant, aider dans cette correction ceux dont l'intelligence n'est pas suffisante, en leur conduisant la main, comme nous l'avons indiqué plus haut.

OBSERVATIONS SUR LE DEUXIÈME EXERCICE.
(Planche première).

Si l'on se rappelle ce que nous avons dit de la coupe supérieure des jambages pleins, on sait que cette coupe doit être perpendiculaire au jambage, et conséquemment inclinée par rapport à la ligne horizontale sur laquelle on les commence. (Nous supposons qu'on écrit entre deux lignes horizontales tracées au crayon).

Pour obtenir facilement cette coupe, il faut diriger l'entaille de la plume dans le sens des jambages, et de manière que le côté droit du bec appuie seul avant de donner le coup de force, qui s'opère par un mouvement oblique.

de la main, de droite à gauche. Pendant ce mouvement le côté droit du bec reste au même point, c'est le gauche qui s'en écarte de toute de la grosseur du jambage.

Pour que le côté droit du bec appuie seul, comme nous venons de le dire, avant de commencer le coup de force, on conçoit que l'entaille de la plume n'a pas l'exacte direction du jambage à tracer, et qu'elle est alors tant soit peu renversée à droite. C'est donc en opérant le mouvement oblique de droite à gauche pour faire le coup de force, que la plume prend immédiatement la juste direction.

Les élèves ont une tendance à faire ouvrir le bec de la plume en la tirant un peu à eux au moment de la pression, au lieu d'opérer, dans le sens de la coupe, le mouvement imperceptible de la main dont nous venons de parler. Le jambage fait de cette manière, au lieu d'être coupé net, a une coupe arrondie. La sollicitude du professeur est donc nécessaire pour que le principe précité soit bien observé.

On remarquera, en exécutant cet exercice, que la liaison qui joint un jambage à un au-

tre, est légèrement arrondie à droite par opposition à la liaison de l'exercice précédent
qui est arrondie à gauche ; que cette liaison,
qu'on doit tracer sans lever la plume jusqu'au
point où se commence le jambage, est couverte jusqu'au milieu ; que conséquemment
cet exercice est l'opposé du précédent, mais
que, vu en sens inverse, il lui est semblable.

La liaison, dans nos exemples, est couverte
plus bas que nous ne l'indiquons, parce que
dans nos explications nous considérons les
jambages comme n'ayant pas plus de grosseur que les liaisons.

Ainsi, en disant par exemple, que, pour
former le second jambage d'un u, la liaison n° 2 qui le joint au premier, doit être
conduite jusqu'au milieu de la hauteur du
corps de cette lettre, à la distance d'un corps,
et prendre, à partir de là jusqu'en haut, la direction du jambage qui doit la couvrir jusqu'au milieu, nous entendons, en effet, que
ce jambage ne descend précisément sur cette
liaison que jusqu'à ce point ; mais, comme il
est plus gros que la liaison, tout en ne la sui-

vant que jusqu'au milieu, il ne laisse pas d'en couvrir un peu la continuation, et il la couvre d'autant plus bas que la direction de cette liaison est moinsopposée à celle de la pente.

Nous conseillons à messieurs les professeurs de recommander à leurs élèves d'écrire de temps en temps sans donner aucun coup de force aux lettres. Ce procédé contribuera beaucoup à donner à ceux-ci une juste idée de la physionomie des caractères. En écrivant de cette manière, les liaisons ne devront être couvertes que précisément jusqu'au point indiqué.

ANALYSE DU DEUXIÈME EXERCICE.

(planche première).

Chaque jambage est commencé carrément, et perd insensiblement de sa grosseur, pour se terminer par un délié.

En menant une ligne perpendiculaire du jambage précédent au milieu du suivant, point ou la liaison cesse d'être couverte, le bas du jambage, considéré avec cette liaison, présente à l'œil la figure d'un pain de sucre penché.

La distance réciproque de tous ces jamba-ges est d'un corps.

OBSERVATIONS SUR LE TROISIÈME EXERCICE.
(Planche deuxième).

Ce troisième exercice ne présente aucune difficulté, quand on sait exécuter passablement les deux premiers. En effet, en ne considérant que la moitié supérieure de ces jambages, on voit que ce n'est absolument que le premier exercice moins grand de moitié ; en considérant pareillement seule la moitié inférieure, on reconnaît aussi que ce n'est que le second exercice, que la liaison est légèrement arrondie à droite jusqu'au milieu, c'est-à-dire pour la partie de jambage répondant au second exercice, et que, pour celle qui répond au premier, elle est légèrement arrondie à gauche.

Le délié qui termine le dernier jambage de cet exercice, étant légèrement arrondi à droite jusqu'à son extrémité supérieure, sur laquelle descend un petit coup de force, forme un *v* avec le jambage précédent. Ce délié doit, à cet effet, être distant du jambage de la largeur d'un corps, depuis le milieu jusqu'en haut.

ANALYSE DU TROISIÈME EXERCICE.
(Planche deuxième).

Cet exercice commence par un délié n° 1. Le jambage, qui est très fin au commencement, grossit jusqu'au milieu seulement, où il commence à diminuer pour se terminer comme il est commencé, et de manière que le haut et le bas, considérés avec leur liaison respective, présentent deux pains de sucre semblables.

La partie supérieure du jambage, jusqu'au milieu, répond au premier exercice, et la partie inférieure au second ; c'est pour cette raison qu'on le nomme *jambage composé.*

La liaison, depuis le bas jusqu'au milieu , est une liaison n° 2 ; et, du milieu jusqu'en haut, une liaison n° 1 ; c'est pourquoi on la nomme *liaison composée.*

Le délié qui termine cet exercice , et qui forme un *v* avec le jambage précédent , au moyen d'un petit coup de force , diffère du délié n° 2, en ce que la partie supérieure suit la courbe du haut du jambage, afin de n'en être distante que d'un corps.

La distance réciproque de ces jambages est d'un corps et demi *(2° règle)*.

OBSERVATIONS SUR LE QUATRIÈME EXERCICE.
(Planche troisième).

Le mot *munir* est la réunion des trois exercices précédents ; il ne présente de nouveau pour l'élève que le petit coup de force qui caractérise le *r*. On doit remarquer que cette lettre est formée du premier exercice et d'une liaison n° 1, sur laquelle descend un coup de force qu'on peut comparer au jambage gauche d'un petit *o*. Cette sorte de *r* ne s'emploie convenablement qu'à la fin des mots.

ANALYSE DU QUATRIÈME EXERCICE.
(Planche quatrième).

Le *m* est commencé par un délié n° 1, qui forme un pain de sucre avec le premier jambage ; ce premier jambage est joint au second, sans qu'on lève la plume, par une liaison n° 1, qui prend naissance au bas et sort au milieu ; le second est lié de la même manière au troisième , qui est un jambage composé ; ce jambage composé est joint à l'*u* par une liaison n° 2 ; c'est pourquoi il en est distant d'un corps (**1**^{re} *règle*) ; cette liaison est montée jusqu'au point où commence l'*u* , on n'en voit que la moitié , parce que la forme en est telle qu'en faisant le jambage on la couvre jusqu'au milieu.

Le premier jambage de l'*u* est joint au second par une liaison n° 2 (1re *règle*) , qui est elle-même couverte jusqu'au milieu par le second ; l'*u* est joint au *n* par une liaison composée : il en est distant d'un corps et demi (2° *règle*).

La liaison n° 1, qui joint le premier jambage du *n* au second, prend naissance au bas de ce premier jambage et en sort au milieu , sans qu'on lève la plume ; le second jambage du *n* étant lié à l'*i* par une liaison n° 2 , en est distant d'un corps (1re *règle*).

L'*i* couvre la liaison précédente jusqu'au milieu ; il est distant de la lettre suivante d'un corps et demi, parce qu'il y est joint par une liaison composée (2° *règle*).

Du milieu du premier jambage du *r* sort une liaison n° 1, qui a pris naissance en bas ; cette liaison dépasse un peu le corps des lettres pour la grace , et, sur son extrémité, descend un trait semblable au jambage gauche d'un *o*. Un délié n° 2 termine ce trait, qui forme une partie d'ovale avec le jambage qui le précède, et un ovale entier avec le trait descendant qui le coupe ; au milieu de ce trait descendant est un petit coup de force.

OBSERVATIONS SUR LE CINQUIÈME EXERCICE.
(*Planche troisième*).

Nous ne commençons pas l'*u* par un délié, comme on le faisait autrefois : ce serait charger l'écriture inutilement ; nous suivons la même règle pour l'*a*, le *d*, l'*e*, l'*o* et l'*i*. On ne doit faire un délié à une lettre qui commence un mot, que quand ce délié en facilite l'exécution, ou qu'il en est une partie caractéristique.

Il n'y a, dans cet exercice, que deux caractères qui ne se trouvent pas dans les exercices précédents, c'est l'*o* et le *z*.

L'*o* et le *c* sont les seules lettres qui, dans le courant d'un mot, exigent qu'on lève la plume pour les commencer : elles offrent un inconvénient, il est vrai, pour une écriture cursive ; mais, comme le moyen que nous serions obligé d'employer pour l'éviter nous conduirait à un inconvénient encore plus

grand , nous engageons nos élèves à se soumettre à la règle que nous prescrivons ci-
après pour l'exécution de ces deux lettres.

C'est toujours une liaison composée qui
joint une lettre précédente quelconque à l'*o*
et au *c* , et c'est de la forme convenable de
cette liaison que dépend celle de ces lettres ;
en effet, la liaison, dans ce cas, doit présenter
depuis le milieu jusqu'au haut, pour l'une et
l'autre de ces lettres, l'esquisse de la partie
gauche supérieure , et déterminer le sommet
de l'ovale dont chacune d'elles a la forme, de
sorte qu'une telle liaison aide non seulement
à préciser la distance à laquelle doit commencer la partie droite de ces lettres au tiers de la
hauteur , mais encore à les former exactement , puisqu'on sait qu'elle doit être couverte jusqu'au milieu. L'*o* se termine par un
délié qu'on joint, par un petit coup de force,
à celui par lequel a commencé cette lettre.

Le *z* est d'une exécution très facile , pourvu
qu'on observe que le trait délié qui joint les
deux parties extrêmes est plus incliné que les
jambages des lettres ; car ce trait doit être parallèle à la liaison précédente. Le petit jam-

bage qui commence cette lettre et celui qui la finit, ne sont autre chose que des jambages composés ; ils doivent avoir tous les deux la pente des autres jambages.

ANALYSE DU CINQUIÈME EXERCICE.

L'*u*, commencé sans délié, est joint au *n* par une liaison composée, également distante de ces deux lettres, qui sont elles-mêmes distantes l'une de l'autre d'un corps et demi *(2me règle)*.

Le *n* étant joint à l'*i* par une liaison n° 2, en est distant d'un corps *(1re règle)*.

L'*i* est joint à l'*o* par une liaison composée couverte, et en est distant de 3[4 de corps *(3e règle)*.

L'*o* étant lié au *n* suivant par une petite liaison composée, en est distant d'un corps (5e *règle)*.

Le *n* est terminé par un délié n° 2.

Le *z* est formé de deux petits jambages composés, ayant chacun la même pente que les autres jambages ; le délié qui les joint est parallèle à la liaison précédente.

OBSERVATIONS SUR LE SIXIÈME EXERCICE.

Cet exercice contient quatre lettres nouvelles, savoir : un *a*, un *r*, un *e* et un *s*.

On ne fait pas de délié à l'*a* au commencement des mots, et l'on a soin de commencer l'*o* qui sert à sa formation un peu plus bas qu'un *o* simple, afin que la jonction des deux parties finales de cette lettre soit couverte par le jambage semblable à un *i* qui termine cette lettre.

On voit que l'inconvénient de lever la plume dans le courant des mots pour commencer un *o* à droite, disparaît devant l'avantage que présente, au commencement des mots, cette manière de le former : non seulement on ne lève pas la plume pour un *a* entier, ni pour un *o*, mais on évite le défaut que présentent ces lettres à la jonction de leurs deux parties extrêmes, quand on les commence autrement. D'ailleurs, en commençant l'*o* par le jambage gauche, on est obligé, pour ne pas lever la plume, de faire un petit *o* dans celui qu'on a tracé, ou une liaison horizontale, ce qui défigure cette lettre et la suivante; et si, pour la formation d'un *a*, on faisait l'*o* de cette manière, il y aurait, outre l'inconvénient que nous avons signalé, obligation de lever la plume pour le dernier jambage; c'est pourquoi nous commencerons toujours un *o* à droite.

L'exécution du *r*, toute facile qu'elle est, exige une certaine attention de la part des élèves. Il est toujours précédé d'une liaison composée dans le courant et à la fin d'un mot, et d'une liaison n° 1 au commencement. La première partie de cette lettre est un petit jambage composé, qui a la même pente que les grands, et le délié final de ce petit jambage forme une légère courbe descendante, à l'extrémité de laquelle commence la seconde partie de cette lettre, qui n'est autre chose qu'un premier jambage d'*o*. Pour bien se fixer sur l'exécution de cette seconde partie à l'égard de la première, on saura que le milieu doit correspondre à celle-ci dans la direction de la pente.

L'*e* est toujours précédé d'une liaison n° 2, qu'on conduit naturellement jusqu'au milieu de la hauteur de cette lettre, et de ce point,

sans lever la plume, on commence un délié
n° 2 que l'on conduit jusqu'en haut, de manière qu'il forme un ovale incliné avec un
jambage semblable au premier d'un *o*, qui
couvrira le point où le délié formant la boucle
a pris naissance, afin que cette boucle divise
la hauteur de l'*e* en deux parties égales.

Le *s* est toujours précédé d'une liaison
n° 2. On conduit dans tous les cas cette liaison
à environ 1|4 de corps plus loin que si on
voulait faire un *i*, en lui faisant un peu dépasser, pour la grace, la hauteur du corps des
autres lettres; mais c'est toutefois précisément
à cette hauteur que doit commencer, par un
délié, le jambage descendant qui constitue
cette lettre, et qui, jusqu'au milieu, a un peu
moins de pente qu'un jambage ordinaire. Ce
qui reste à faire de cette lettre, à partir de ce
milieu, doit avoir la forme du bas d'un *o*, dont
l'axe corresponde dans le sens de la pente au
point où on a commencé cette lettre, qui se
termine toujours sur la liaison précédente,
quand celle-ci prend naissance au bas d'un
jambage quelconque, par un petit coup de
force qui exige une certaine délicatesse

d'exécution. Ce coup de force doit avoir la forme d'une petite poire renversée, et ne pas se faire sentir en dehors. Pour l'exécuter, on trace intérieurement, après avoir mené le délié final sur la liaison précitée ; une petite figure qui ait la forme que nous venons d'indiquer, en appuyant suffisamment sur la plume pour qu'il ne reste pas de blanc au milieu, et on la termine sur ce même délié.

Dans le courant des mots on ne lève pas la plume pour faire la liaison qui doit joindre cette lettre à une autre : elle descend, après le coup de force final, sur le délié, jusqu'en bas d'où elle sort naturellement.

ANALYSE DU SIXIÈME EXERCICE.

(Planche quatrième).

L'*a* se forme, sans lever la plume, d'un *o* qu'on commence à droite, à peu près au milieu de la hauteur de cette lettre, et d'un jambage d'*i* dont le milieu couvre cette même partie du second jambage de l'*o*; cette lettre, lettre liée au *r* par une liaison composée, en est distante d'un corps 1|2 (2me *règle*).

10

Le *r*, lié au *m* par une liaison composée, en est distant d'un corps 1[4 (9me *règle*). Le petit jambage supérieur de cette lettre correspond au milieu du jambage inférieur dans le sens de la pente.

Le *m*, joint à l'*o* par une liaison n° 2, en est distant de 3[4 de corps (4me *règle*).

L'*o*, lié à l'*i* par une liaison n° 2, en est distant de 3[4 (4me *règle*). Le grand axe de cette lettre doit avoir la juste direction de la pente.

L'*i*, lié au *r* par une liaison composée, en est distant d'un corps 1[2 (2me *règle*).

Le *r*, lié à l'*e* par une liaison n° 2, en est distant d'un demi-corps (9me *règle*). Une ligne droite, commencée à la jonction des deux parties qui constituent cette lettre, et passant par le milieu de l'ovale qu'elle présente dans le bas, aurait la juste direction de la pente.

L'*e*, lié au *s* par une liaison n° 2, en est distant de 5[4 de corps (7me *règle*). Une ligne passant par le milieu de l'ovale supérieur et de l'ovale inférieur que figure cette lettre, aurait la juste direction de la pente.

Le *s* est distant de l'*e* de 5[4 de corps (8me *règle*). Une ligne tirée du sommet de l'angle que présente le haut de cette lettre, et passant par le milieu de la partie d'ovale qu'elle figure dans le bas, aurait la juste direction de la pente.

OBSERVATIONS SUR LE SEPTIÈME EXERCICE.
(Planche quatrième).

Le *c* se commence sans délié par un petit point allongé, exécuté dans le sens de la pente, et auquel la plume donne la forme d'une petite poire en passant dessous et en remontant à sa droite, afin de le laisser en dedans. Ce point est semblable à celui qui termine le *s*, mais il est vu et exécuté en sens inverse. Le sommet supérieur de l'ovale que figure cette lettre, doit correspondre au sommet inférieur, dans la juste direction de la pente.

ANALYSE DU SEPTIÈME EXERCICE.
(Planche quatrième).

Le *c* est commencé sans délié, au quart de sa hauteur, par un point ayant la forme d'une petite poire. Les sommets de cette lettre se correspondent dans le sens de la pente ; elle se termine ici par une liaison composée-couverte, et est distante de l'*o* de 3|4 de corps (7me *règle*).

L'*o* est commencé, au tiers de sa hauteur, par un trait délié qui monte jusqu'au sommet de cette lettre, et qui descend ensuite jusqu'au milieu de la liaison composée précédente. Les sommets de cette lettre se correspondent dans le sens de la pente ; liée au *n* par une petite liaison composée, elle en est distante d'un corps (5me *règle*).

Le *n* est distant du *c* de 3|4 de corps (3me *règle*). Il se termine par une liaison composée-couverte, qui présente l'esquisse d'une partie de la lettre suivante *c* avant d'être couverte par cette lettre jusqu'au milieu.

Le *c* est distant de l'*e* de 3|4 du corps, à partir de son grand axe (7me *règle*). Il est commencé par un point en forme de petite poire, d'où un délié monte jusqu'au sommet pour se joindre à la liaison composée précédente et la couvrir jusqu'au milieu. Cette lettre est terminée par une liaison n° 2, qui quitte au milieu de sa hauteur la direction ordinaire pour former la boucle de l'*e*.

Le sommet supérieur de l'*e* correspond au sommet inférieur dans le sens de la pente. Cette lettre est terminée par une liaison composée , et, mesurée de son grand axe au *r*, elle en est distante d'un corps 1|2 (7me *règle*).

La partie supérieure du *r* correspond au milieu du coup de force inférieur dans le sens de la pente, il est lié au *n* par une liaison composée ; la distance de cette lettre à celle qui suit, calculée à partir du grand axe de sa partie inférieure , est de 5|4 de corps (9me *règle*).

Le *n*, lié à l'*e* par une liaison n° 2, détournée de sa direction ordinaire, au milieu de sa hauteur, pour former la boucle de l'*e*, est distant de cette lettre de 3|4 de corps (4me *règle*).

L'*e* présente dans sa forme, sans avoir égard à la boucle, les 3|4 d'un *o* : en effet, si on trace un arc de cercle du sommet supérieur de cette lettre au milieu de la liaison composée suivante qui la joint au *r*, on aura la figure entière de l'*o*. Il est distant du *r* d'un corps 1|2 (7me *règle*).

La partie supérieure du *r* est un petit jambage composé , dont le délié inférieur se joint, sans qu'on lève la plume, au délié commençant la partie inférieure, qui figure les 3[4 d'un *o* dont le grand axe est dans la direction de la pente.

OBSERVATIONS SUR LE HUITIÈME EXERCICE.

(Planche cinquième)

Cet exercice est destiné à fixer les élèves sur la manière de faire les lettres bouclées. C'est en essayant de l'exécuter par tous autres procédés que ceux qu'indiquent la méthode radiographique, qu'on appréciera l'importance de ces derniers ; on se convaincra facilement que le mouvement des doigts et celui du poignet prescrits par les autres méthodes, sont impuissants : l'un ou l'autre, et même tous deux employés simultanément, nécessiteraient qu'on levât la main deux ou trois fois, depuis le bas d'une boucle inférieure jusqu'à l'extrémité d'une boucle supérieure ; encore n'obtiendrait-on que des traits courbes et sans pureté. Tandis que, par la radiographie, un enfant de cinq ans peut exécuter une ligne entière de cet exercice, sans se reprendre, et sans éprouver plus de difficulté dans l'exécution que pour tout autre.

Les têtes comme les queues de ces lettres
ont une fois et 3[4 de fois la hauteur de leur
corps. Le délié qui forme la boucle inférieure
coupe le jambage à environ un quart de
corps au-dessous de celui des lettres, et, de ce
point jusqu'à celui ou commence la boucle
du jambage suivant, il se transforme en une
liaison n° 2 , qui doit être couverte par le
jambage, depuis le point où commence la
boucle jusqu'au milieu de la hauteur du corps.

Beaucoup d'écrivains ne couvrent pas ainsi
la liaison ; ils la conduisent, tantôt sous une
forme, tantôt sous une autre, jusqu'à l'endroit
où ils commencent la boucle de la lettre suivante : de sorte qu'elle présente entre les lettres, et même au-dessus du corps de ces lettres, un trait aussi inutile que désagréable à
l'œil. Tandis qu'en conduisant une liaison
n° 2 au milieu de la hauteur du corps des lettres, à la juste distance où doit passer le jambage à exécuter, et en la dirigeant de ce point
à celui où doit commencer et finir la boucle , c'est-à-dire à environ 1[4 de corps au-
dessus de celui des lettres, on obtient ainsi,
pour tracer la boucle et le surplus du jam-

bage, des données qui ne permettent pas de s'écarter de la régularité de l'inclinaison et de la distance, et l'œil reste flatté par la correspondance de la liaison dont nous venons de parler avec celle du jambage composé suivant, qui forme un *h* avec celui qu'on vient de former.

Les élèves devront régler le papier, pour cet exercice, de manière à déterminer non seulement la hauteur du corps des lettres, mais encore la longueur des têtes et des queues.

ANALYSE DU HUITIÈME EXERCICE.
(Planche cinquième).

Le jambage composé qui commence cet exercice, est joint par une liaison n° 2 au jambage bouclé suivant, avec lequel il forme un *y* (1ere *règle*).

Le délié qui forme la boucle du second jambage, dont la queue a 7|4 de corps, coupe ce même jambage à environ 1|4 de corps de la lettre qu'on forme. A partir de ce point d'intersection, il devient une liaison n° 2, qui, portée à 1|4 de corps de distance

du jambage précédent, (1ere *règle*), et au milieu de la hauteur du corps de la lettre à former, se dirige , dans le sens de la pente, pa-
rallèlement au jambage précédent ; passe
précisément sur le point où l'on commence-
rait un *i*, monte à 1|4 de corps plus haut ;
puis, se transformant en délié, se détourne un
peu de la direction précitée, pour former le
côté droit de la boucle du premier jambage
du *h* ; descend ensuite, pour former le côté
gauche de cette boucle et en même temps
le surplus du jambage , sur la liaison dont
nous venons de parler , en la couvrant depuis le point où elle s'est détournée pour
la boucle jusqu'au milieu de la hauteur du
corps de la lettre.

La liaison du jambage composé suivant
prend naissance au bas du jambage bouclé,
et sort au milieu de la hauteur du corps du
h, lettre que forme ce jambage composé avec
le jambage bouclé précédent ; cette liaison
correspond à celle de la lettre précédente, de
manière à présenter à l'œil un seul et même
délié coupé par le jambage.

La suite de cet exercice s'analyse comme

ce qui précède. On ne doit pas lever la plume depuis le commencement d'une ligne jusqu'à la fin, à moins que ce ne soit pour prendre de l'encre.

Tous ces jambages sont joints ensemble par des liaisons n° 1 ou n° 2, et sont distants d'un corps les uns des autres (1re *règle*).

Toutes les queues sont d'égale grandeur : elles ont chacune 7|4 de corps.

OBSERVATIONS SUR LE NEUVIÈME EXERCICE.

(*Planche cinquième*).

Cet exercice ne diffère du précédent qu'en ce qu'il s'y trouve deux jambages composés de suite. Le papier devra être réglé pour l'un comme pour l'autre.

ANALYSE DU NEUVIÈME EXERCICE.

Le *h* se commence par un délié n° 2, qu'on monte à 1|4 de corps au-dessus de celui de la lettre ; puis on commence encore à ce point, sans lever la plume, un nouveau délié n° 2, qui forme la boucle de cette lettre, ensuite le jambage qu'on fait passer sur le point où a commencé la partie de délié destinée à la formation de la boucle, et en même temps sur l'autre partie de ce délié jusqu'au milieu de la hauteur du corps des lettres. La liaison du second jambage de cette lettre prend naissance au bas de celui qui précède, sort au milieu de la hauteur du corps , et correspond ainsi au délié n° 2 précité ; de sorte qu'ils paraissent ne former tous deux qu'un seul trait. Ce second jambage du h est joint au premier du y par une liaison composée, et en est distant de 1 corps 1|2 (2me *règle*).

Le premier jambage de l'y est joint par une liaison n° 2 au second jambage, qui couvre cette liaison jusqu'au milieu ; la queue de ce second jambage se termine par un délié qui monte à gauche et forme avec le jambage dans le bas de la boucle, une partie d'ovale allongé , et dans le haut un angle aigu dont le sommet est distant du corps de la lettre d'environ 1|4 de corps. Ce délié devient, en quittant ce point, une liaison n° 2, et lie ce jambage au premier du h suivant qui la couvre ensuite depuis la naissance de la boucle jusqu'au milieu de la hauteur du corps de cette lettre.

Les lettres suivantes étant semblables aux deux précédentes, s'analysent de même.

OBSERVATIONS SUR LE NEUVIÈME EXERCICE (bis).

(Planche sixième).

Si l'on pouvait remarquer dans la radiographie quelques lettres plus difficiles à exécuter que d'autres, ce serait assurément dans dans cet exercice ; mais pourvu qu'on ait soin d'analyser l'exemple avant de l'exécuter, on n'en rencontrera pas plus que dans les autres.

Il n'y a que les mauvais principes d'exécution qui puissent engendrer des difficultés ; c'est pourquoi nous sommes sans cesse portés à répéter à nos élèves qu'ils ne doivent jamais déroger aux nôtres ; ce qu'ils ont d'avantageux, nos principes, c'est qu'ils peuvent être saisis en une seule séance par les personnes judicieuses, et très promptement par celles qui le sont le moins ; ce qu'ils ont d'agréable, c'est qu'ils sont invariables dans tous les cas : le caractère le plus compliqué n'exige pas plus que le plus simple, et réciproquement ; ce qu'ils ont de précieux, c'est qu'ils conduisent à l'extrême perfection à laquelle c'est renoncer que de ne pas les suivre.

ANALYSE DU NEUVIÈME EXERCICE (bis).
(Planche sixième).

Le premier jambage du *h* couvre, jusqu'au milieu de la hauteur du corps de cette lettre, le délié qui est commencé dans le bas et qui sert à faire la boucle de ce jambage. La liaison qui joint ce premier jambage au second, sort au milieu de la hauteur du corps du *h*, et ce second jambage est joint au premier du *y* qui suit, par une liaison composée. Ces deux lettres sont distantes l'une de l'autre d'un corps 1|2 *(2ᵐᵉ règle)*.

L'*y* est joint au *p* par une liaison n° 2, et en est distant de 1 corps *(1ᵉʳᵉ règle)*. Cette liaison, qui coupe la queue de l'*y* à 1|4 de distance du corps, est menée au milieu de la hauteur de ce corps à la distance exigée par la 1ᵉʳᵉ *règle*, et de là exactement dans la direction du premier jambage du *p*, pour être couverte par ce jambage jusqu'au milieu de la hauteur du corps.

11

La liaison du second jambage du *p* remonte dans le premier, et en sort à la moitié de la hauteur du corps de cette lettre ; elle correspond ainsi à celle qui joint l'*y* au *p*, de manière à ne présenter à l'œil qu'un seul et même trait. Ce second jambage se termine par une liaison composée-couverte ; il est distant de l'*o* de 3|4 de corps. (3me *règle*).

L'*o* se commence à droite, au 1|3 de sa hauteur, par un délié qui couvre la liaison précédente jusqu'au milieu ; il se termine également par un délié au point où il a été commencé.

Les deux parties finales de l'*o* sont jointes ensemble par un petit coup de force où prend naissance la liaison de cette lettre à la suivante, et qui, pour le *s* qui la suit, est une liaison n° 2 menée à 1|4 de corps plus loin, pour le commencement de cette lettre, que pour un jambage droit, c'est-à-dire, à 1 corps. (8me *règle*).

La liaison qui joint le *s* au *t* est une liaison n° 2 : elle prend naissance au-dessous du point en forme de petite poire qui termine cette lettre, descend sur le délié jusqu'au

bas, d'où elle sort pour être conduite au
milieu de la hauteur du corps de la lettre sui-
vante, à 3|4 de corps de distance (8me *règle*),
et prendre en montant, à partir de ce point,
la juste direction de la pente, afin que le *t*
puisse la couvrir jusqu'au milieu du corps.

La tête du *t* a un 1|2 corps de hauteur,
cette lettre couvre la liaison précédente qui a
été tracée de manière à en déterminer la
juste inclinaison et à en préciser la distance.
La liaison qui joint le *t* à la lettre suivante
prend naissance au bas du jambage, dans
lequel la plume monte un peu plus haut que
le corps de cette lettre, pour pouvoir sortir
avec grace de ce jambage, précisément à la
hauteur du corps, et se disposer convenablement pour l'exécution de la lettre suivante ;
dans ce cas c'est une liaison-barre composée-
couverte ; bien faite, elle détermine la distance
du *t* à l'*a* et sert d'autant mieux de point de
comparaison pour commencer cette lettre,
qu'elle en figure une partie.

L'*o* qui entre dans la composition du *a* est
commencé à droite par un délié, un peu plus
bas qu'on ne commence un *o* ordinaire, et le

premier jambage de cette lettre couvre une partie de la liaison-barre du *t* qui a été disposée à cet effet. Le délié qui forme la deuxième partie de l'*a* est un délié n° 2, mené jusqu'au point où commence le jambage qui termine cette lettre. Ce jambage, qui ressemble en tout à un *i*, couvre le commencement de l'*o* vers le milieu de sa hauteur en descendant sur le délié, et se joint au *p* par une liaison n° 2, qui monte jusqu'au point où commence la tête du *p*, à un demi-corps au dessus de celui des lettres. La distance de l'*a* au *p* est d'un corps (1ᵉʳᵉ *règle*).

Le premier jambage du *p* descend sur la liaison précédente, qui a été disposée à cet effet, jusqu'au milieu de la hauteur du corps de cette lettre, afin que celle qui sort du même jambage, pour former le second, corresponde à l'autre de manière à présenter ensemble une seule liaison composée. Le second jambage du *p* se termine par une liaison n° 2, dont la bonne direction prépare celle du premier jambage de la lettre *h* suivante qui couvre cette liaison à partir du point où elle s'est détournée pour former une boucle, jusqu'au milieu de la hauteur du corps des lettres, afin que la liaison du second jambage de cette lettre, qui sort au milieu du corps du même jambage, corresponde à celle qui termine le *p*, de manière à ne présenter ensemble à l'œil qu'une seule liaison composée. Le *h* est distant du *p* d'un corps (1ere *règle*), et du *y*, auquel il est lié par une liaison composée, d'un corps 1|2 (2me *règle*).

Le premier jambage du *y* est joint au second par une liaison n° 2, conduite jusqu'au point où celui-ci commence. Le second jambage couvre cette liaison jusqu'au milieu de la hauteur du corps des lettres et perd insensiblement de sa grosseur en descendant, comme tous ceux de son espèce; il se termine par un délié qui forme la boucle et coupe le jambage à 1|4 de corps du *y*. Il est distant d'un corps du *l* (1ere *règle*), auquel il est lié par une liaison n° 2, conduite de manière que cette distance soit exactement observée.

L'*e* est joint au *l* par une liaison n° 2, interrompue au milieu pour faire la boucle de cette lettre, dont le sommet correspond, dans le sens de la pente, au sommet inférieur. Le

jambage plein de l'*e* coupe cette liaison précisément au point où elle commence la bou-
cle. Le *e* est distant du *l* de 3|4 de corps
(3me *règle*).

Remarque. Le caractère qui termine cet
exercice, et qui represente un *n* et un *v* réunis,
pourrait être convenablement adopté pour
l'écriture nationale : ce serait une abrévia-
tion qui ne présenterait aucun inconvénient,
car ces deux lettres sont très distinctes.

OBSERVATION SUR LE DIXIÈME EXERCICE.
(*Planche septième*).

Dans tous les exercices précédents, la largeur du corps des lettres est égale à la moitié
de la hauteur; mais cette proportion nous
paraît un peu moins convenable pour l'écriture de moyenne grosseur, et notamment pour
la fine. C'est pourquoi nous avons changé
l'unité de largeur pour les exercices suivants,
en commençant par celui-ci. Cette nouvelle
unité est telle que la largeur d'un corps est les
2|3 de la hauteur de ce corps , au lieu de la
moitié comme dans les exercices précédents.

Ce n'est pas, toutefois, que nous soyons es-

clave ni de l'une ni de l'autre de ces propor-
tions, car nous jugeons au contraire qu'elles
peuvent subir une infinité de modifications
sans détruire la grâce de la nationale.,
pourvu qu'on observe bien les règles que nous.
prescrivons relativement aux liaisons et à
leur physionomie considérée avec les jambages ; et en même temps les règles sur la
distance relative des lettres, et surtout celles
qui concernent le mode d'exécution.

Une écriture guindée ne répondrait pas
d'ailleurs au titre d'*écriture nationale française* que nons avons donné à la nôtre ; il
convient qu'elle ait, au contraire, cet air de
liberté qui caractérise ceux qui doivent en
faire usage.

Qu'on prenne pour unité de largeur des
lettres, la moitié de la hauteur du corps, ou
les 2|3, ou toute autre, l'analyse sera toujours
la même : les lettres n'offriront que cette différence, que les ovales et les parties d'ovale,
qui en sont des parties consécutives, se trouveront plus larges ou plus étroits, selon que
l'unité de largeur sera plus grande ou plus
petite. La distance des lettres entre elles doit

donc, dans tous les cas, être en rapport avec l'unité, quelle qu'elle soit; et les liaisons être un guide puissant pour la bonne forme des lettres, et pour la régularité de leur physionomie.

Les élèves ayant une propension à arrondir l'extrémité des lettres, il convient que les exercices élémentaires qu'on leur fait exécuter soient plus compacts que les autres, afin que les ovales aient une forme assez prononcée pour qu'ils puissent bien se la graver dans l'esprit.

Comme on doit être suffisamment fixé, d'après les exercices précédents, sur la manière dont les lettres sont jointes ensemble par les liaisons, sur le point où les boucles doivent commencer et finir, ainsi que sur la forme de chaque lettre, nous allons seulement donner pour celui-ci l'analyse de la distance des lettres, en rappelant les règles qui y ont rapport.

ANALYSE DU DIXIÈME EXERCICE.
(Planche septième).

PREMIÈRE PARTIE.

L'*a* est joint au *b* par une liaison n° 2 ; la distance est d'un corps (1ere *règle*).

Le *b* est joint au *c* par une petite liaison composée-couverte ; la distance est d'un 1|2 corps (6me *règle*).

Le *c* est joint au *d* par une liaison composée-couverte ; la distance est de 3|4 de corps (4me *règle*).

Le *d* est joint à l'*e* par une liaison n° 2 ; la distance est de 3|4 de corps (4me *règle*).

Le *e* est joint au *f* par une liaison n° 2 ; la distance est de 1 corps (7me *règle*).

Le *f* est joint au *g* par une liaison-barre composée-couverte ; la distance est de 3|4 de corps (3me *règle*).

Le *g* est joint au *h* par une liaison n° 2 ; la distance est de 1 corps (1ere *règle*).

Le *h* est joint au *i* par une liaison n° 2 ; la distance est de 1 corps (1ere *règle*).

Le *i* est joint au *k* par une liaison n° 2 ; la distance est de 1 corps (1ere *règle*).

Le *k* est joint au *l* par une liaison n° 2 ; la distance est de 1 corps (1^{cre} *règle*).

Le *l* est joint au *m* par une liaison composée; la distance est de 1 corps 1|2 (2me *règle*).

Le *m* est joint au *n* par une liaison composée ; la distance est de 1 corps 1|2 (2me *règle*).

Le *n* est joint à l'*o* par une liaison composée-couverte ; la distance est de 3|4 de corps (3me *règle*).

L'*o* est joint au *p* par une petite liaison n° 2; la distance est de 3|4 de corps (4me *règle*).

Le *p* est joint au *q* par une liaison composée-couverte ; la distance est de 3|4 de corps (3me *règle*).

Le *q* est joint au *r* par une liaison n° 1 ; la distance est de 1 corps (9me *règle*).

Le *r* est joint au *s* par une liaison n° 2 ; la distance est de 1 corps (8me et 9me *règle*).

Le *s* est joint au *t* par une liaison n° 2 ; la distance est de 3|4 de corps (8me *règle*).

Le *t* est joint à l'*u* par une liaison-barre n° 2; la distance est de 1 corps (1^{cre} *règle*).

L'*u* est joint au *v* par une liaison composée ; la distance est de 1 corps 1|2 (2me *règle*).

Le v est joint au x par une liaison composée ; la distance est de 1 corps (5me *règle*).

Le x se joint à l'y par une liaison compo-
sée ; la distance est de 1 corps 1|2 (2me *règle*
et 7me *règle*).

L'y est joint au z par une liaison composée;
la distance est de 1 corps 3|4 (10me *règle*).

Le z est joint au z par une liaison composée ; la distance est de 2 corps (10me *règle*).

DIXIÈME EXERCICE.

DEUXIÈME PARTIE.

L'e est joint au c par une liaison compo-
sée-couverte; la distance est de 3|4 (7me *règle*).

Le c est joint au r par une liaison composée;
la distance est de 1 corps 1|2 (9me *règle*).

Le r est joint à l'i par une liaison n° 2 ; la
distance est de 3|4 de corps (2me et 9me *règle*).

L'i est joint au t par une liaison n° 2 , la
distance est de 1 corps (1ere *règle*).

Le t est joint à l'u par une liaison-barre
n° 2 ; la distance est de 1 corps (1ere *règle*).

Le u est joint au r par une liaison compo-
sée ; la distance est de 1 corps 1|2 (2me et
9me *règle*).

Le *r* est joint à l'*e* par une liaison nº 2 ; la distance est d'un 1|2 corps (9ᵐᵉ *règle*).

Le *n* est joint à l'*a* par une liaison composée-couverte ; la distance est de 3|4 de corps (3ᵐᵉ *règle*).

L'*a* est joint au *t* par une liaison nº 2 ; la distance est de 1 corps (1ᵉʳᵉ *règle*).

Le *t* est joint à l'*i* par une liaison-barre nº 2 ; la distance est de 1 corps (1ᵉʳᵉ *règle*).

L'*i* est joint à l'*o* par une liaison composée-couverte ; la distance est de 3|4 de corps (3ᵐᵉ *règle*).

L'*o* est joint au *n* par une petite liaison composée ; là distance est de 1 corps (5ᵐᵉ *règle*):

Le *n* est joint à l'*a* par une liaison composée-couverte ; la distance est de 3|4 de corps (3ᵐᵉ *règle*).

L'*a* est joint au *l* par une liaison nº 2 ; la distance est de 1 corps (1ᵉʳᵉ *règle*).

Le *l* est joint au *e* par une liaison nº 2 ; la distance est de 3|4 de corps (4ᵐᵉ *règle*).

OBSERVATIONS SUR LE ONZIÈME ET LE DOUZIÈME EXERCICE.

On observe, pour former les lettres majuscules, les mêmes principes d'exécution que pour les minuscules. La bonne position de la main et celle de l'avant-bras, qui sont, comme nous l'avons déjà plusieurs fois répété, le fondement de la radiographie, trouveront dans cet exercice une nouvelle occasion de faire apprécier leur importance à nos élèves, surtout à ceux qui, avant de connaître ces positions, se seront étudiés à former ces sortes de lettres, et en auront conséquemment reconnu la difficulté.

Les mouvements de va et vient, dont nous avons parlé plus haut, et qui doivent leur naissance à cette position de main et d'avant-bras, doivent pareillement faire connaître ici, d'une manière évidente, qu'une écriture facile ne peut exister sans leur secours. Qu'on joigne à ces précieux avantages, comme il est indispensable de le faire, celui que présente la juste direction de la plume, et alors l'étude de cet exercice ne sera pas moins facile que celle des précédents.

12

Comme ces lettres sont plus compliquées que les minuscules, certaines personnes pourraient concevoir l'idée de placer, comme l'ont indiqué quelques professeurs, nos exemples sous du papier transparent, dans l'espérance de parvenir plus promptement et plus sûrement à les imiter.

Nous nous élevons sérieusement contre ce procédé, qui n'est que le résultat, nous aimons à le penser, de l'inaptitude de quelques maîtres. Si nous croyions que le charlatanisme y fût pour quelque chose, nous ne laisserions pas d'en témoigner ici toute notre indignation; car nous ne nous imposons pas le seul devoir de donner une méthode consciencieuse, il nous paraît encore important de signaler les abus qui pourraient, en certaines circonstances, en entraver les bons effets. Il ne nous est pas permis de douter que les abus de ce genre répandent l'erreur dans les localités où ils sont encouragés, et qu'en nuisant à une population entière, ils terrassent, écrasent et l'art et les artistes.

De tous les procédés qui tendent à induire les parents en erreur par une fausse appa-

rence de bonté, celui que nous signalons ici
peut occuper le premier rang. Un enfant a
certainement bientôt appris à faire passer la
plume en tremblant sur tous les points où il
aperçoit du noir; qu'il commence les lettres
par où elles doivent finir; peu importe: il
n'en résulte pas moins des caractères, qui
mis sous les yeux des parents les plongent
dans l'admiration. Ce n'est que quand les
enfants quittent l'école, que cette admiration
disparaît, à la vue d'un griffonnage égal à celui du professeur; mais le mal est fait, et le plus
souvent il est sans remède.

Nous n'approuvons pas non plus ces exemples imprimés en encre pâle que les élèves
doivent couvrir avec de l'encre noire. Si ces
moyens nous paraissaient tant soit peu en
rapport avec la raison, nous proposerions de
leur en substituer un plus commode, moins
dispendieux, dont les résultats seraient évi-
demment les mêmes, celui de suivre les exemples avec une plume sèche. On y trouve-
rait peut être cet inconvénient de moins, que
l'élève, ne craignant pas de laisser des trace
de son inhabileté, s'exercerait avec plus d'as-

surance ; mais qu'on ne s'y trompe pas , le meilleur de ces moyens ne vaut rien.

Les jeunes gens ont de l'intelligence : au lieu de chercher à la rendre paresseuse , il est de notre devoir de la leur faire exercer utilement. Ne souffrons pas qu'ils fassent rien au hasard ; la raison doit guider jusqu'à leur plume. Calquer convient à peine pour des êtres ineptes, incapables de comparer, et ce moyen est funeste à toute personne raisonnable. D'ailleurs, toutes les méthodes pour apprendre à écrire en peu de temps, qui ont été publiées depuis vingt-cinq ans , ne sont que des attrape-nigauds ; la meilleure ne peut procurer qu'une écriture excessivement imparfaite, tout en ne permettant pas d'écrire en moins de temps, que si on suivait les leçons d'une personne consciencieuse qui écrivît mal.

On trouve, dans l'enseignement de l'écriture, par comparaison, le moyen d'enseigner le dessin aux élèves sans qu'ils s'en doutent ; car en écrivant ainsi on dessine, bien que dessiner ne soit pas écrire. En effet, dessiner, c'est reproduire par la comparaison les objets dont on veut avoir l'image ; et imiter un exemple d'écriture, c'est atteindre ce but. Il ne serait donc pas raisonnable de négliger l'occasion d'enseigner , pour ainsi dire, le dessin en enseignant l'écriture ; car, bien qu'on le recommande dans tous les établissements d'instruction, et que l'utilité en soit incontestable, il n'est pas encore généralement apprécié.

A propos de dessin, nous ferons remarquer que les bons maîtres en cet art ne recommandent pas de calquer , qu'ils s'y opposent même ; cependant, ce moyen nous semblerait plus convenable pour le dessin que pour l'écriture.

MANIÈRE DE RÉGLER LE PAPIER

Pour le onzième et le douzième exercice.

Nous avons déjà dit plus haut, que les lettres majuscules ont 3 corps de hauteur pour la fine et 2 corps 3[4 pour la grosse. Les trois lettres *G*, *J*, et *Y* ont, indépendamment de cette hauteur commune à toutes les autres lettres majuscules, une queue de 1 corps 3[4 pour la grosse, et de 2 corps pour la fine.

Comme il n'y a que ces trois lettres qui aient des queues, nous conseillons de régler le pa-papier comme si aucune n'en avait, et d'avoir soin de les éviter en écrivant au-dessous.

On peut, sans inconvénient, apprendre à faire les lettres majuscules, comme si elles devaient avoir trois corps pour tous les degrés de grosseur, et, à cet effet, régler le papier de manière qu'entre les deux lignes indiquant la hauteur des lettres majuscules, il y en ait une troisième qui indique la hauteur des minuscules; cette troisième sera conséquemment éloignée d'un corps de celle du bas, et de deux corps de celle du haut.

Les élèves trouveront, dans cette manière de régler le papier, trois points de comparaison qui les fixeront: 1° sur celui où doit monter le délié final de la plupart des lettres; 2° sur celui où doivent convenablement descendre les traits supérieurs qui se trouvent à la gauche de ces lettres, et qui sont, pour les unes, des parties constitutives, et pour les autres, des ornements; 3° sur l'égalité de longueur des différents jambages dont plusieurs de ces lettres sont formées.

Nota. Cette manière de régler le papier est à l'écriture, ce que l'esquisse est au dessin. On sait que plus les artistes sont habiles, plus ils esquissent légèrement, et que ceux qui le sont au plus haut degré n'ont pas besoin d'esquisser. Il en est de même pour ces exercices : on supprime la raie du milieu, quand on est fixé sur ce qu'elle indique ; ensuite celle du haut, et enfin celle du bas.

MANIÈRE D'EXÉCUTER LE ONZIÈME ET LE DOUZIÈME EXERCICE.

Les ellipses que nous complétons sur nos exemples par des lignes pointées, sont la meilleure analyse que nous puissions faire des lettres majuscules : elles indiquent que le grand axe de chaque ovale et de chaque partie d'ovale que présentent ces lettres (on suppose tous les ovales terminés), doit avoir la direction de la pente de l'écriture.

On doit remarquer que la partie gauche supérieure de ces lettres descend ordinairement à peu de distance des minuscules, que la partie droite qui termine l'A, le C, l'E, le H, le K, le L, le M, le N, le P, le Q, le

R; le U; le X et le Z, doit avoir exactement la hauteur du corps des lettres minuscules.

Remarque. Nous n'avons rien de particulier à faire observer sur les exercices suivants, relatifs à l'écriture nationale, sinon qu'ils s'analysent comme ceux qui précèdent, et que, partout où ces exercices ne répondent pas à l'analyse que nous avons prescrite, on peut voir des fautes involontaires commises par l'auteur ou le graveur.

ÉCRITURE NATIONALE COMPACTE.

Exercice particulier, planche dix-neuvième.

Tous les principes d'exécution prescrits pour la nationale ordinaire, s'appliquent à la nationale compacte ; la distance relative des lettres est absolument la même , conséquemment cet exercice s'analyse comme le 10me. Il en diffère : 1° en ce que la largeur d'un corps, au lieu d'être les 2|3 de sa hauteur, n'en est que le 1|4 ; 2° en ce que la tête des p , comme celle des t, n'a que 1|2 corps au lieu de 1 corps ; 3° en ce que les têtes et les queues des autres lettres n'ont que 1 corps, qu'elles soient bouclées ou non.

Bien que , dans cet exemple , les têtes des lettres b, h, k, l, ne soient pas bouclées , rien ne s'oppose à ce qu'on les boucle.

Entre la nationale ordinaire et la compacte, il y a, comme on le voit, une infinité de degrés de largeur de corps. Chacun peut donc, au moyen de l'élasticité dont est douée la nationale, choisir le degré de compacité qui lui plaît le mieux.

PROCÉDÉ

POUR IMITER A MAIN POSÉE LES EXEMPLES DE LA NATIONALE.

Observations sur ce procédé.

Ce procédé est celui par lequel Fouqueur, dont nous nous honorons d'avoir pris les leçons, s'est rendu si célèbre dans la capitale. Tous les nombreux élèves de cet écrivain renommé pourront reconnaître ici sa méthode.

Nous rendons hommage à la mémoire et au talent de cet honorable artiste; mais, pour rendre en même temps honneur à la justice, nous ne devons donner ce procédé que pour ce qu'il vaut.

Il est juste de dire que la pureté et la perfection avec laquelle écrivait Fouqueur, étaient admirables ; que ses exemples et ses pièces d'écriture passent pour des chefs-d'œuvre ; mais la manière dont il les exécutait ne pouvait s'appeler ni écrire, ni dessiner ; car, bien qu'il levât la plume deux ou trois fois pour faire chaque lettre, il n'était

jamais dans la nécessité d'en retoucher aucune, parce que, s'attachant à donner à cette
plume la direction convenable, il obtenait
une pureté parfaite.

L'avantage que présente le procédé que
nous donnons ici, c'est que par lui on peut
apprendre à bien écrire en aussi peu de
temps que par le meilleur ; mais, quand on
ne sait écrire que de cette manière, on ne
sait écrire que pour s'amuser, ou plutôt pour
s'ennuyer, car il faut un temps infini pour
faire peu de chose. La plus grande perfection
qu'on puisse acquérir par ce procédé ne serait qu'un bien petit commencement de principes d'écriture rationnelle.

Nous ne pourrions assurer que Fouqueur
ne connût pas d'autres procédés que celui
que nous indiquons ici ; mais nous pouvons
affirmer que c'est celui qu'il nous a prescrit,
ainsi qu'aux élèves qui suivaient ses cours
avec nous, et que c'est exactement celui
dont il se servait pour exécuter les exemples
qu'il nous donnait à imiter.

En le publiant, ce procédé, nous avons pour
but de faire distinguer le véritable talent du

talent factice, et de prouver qu'il y a des écritures qui, en parlant favorablement aux yeux, trompent souvent des esprits très éclairés.

Nous ferons donc remarquer qu'il peut arriver qu'on écrive très bien à main posée, même par le moyen que nous indiquons ici, sans être habile en cet art; car on ne peut raisonnablement en faire consister la perfection que dans la simultanéité du bien et du rapide, vu qu'on est, presque toujours, dans la nécessité d'écrire vite.

Cependant, tout incomplet, tout vicieux qu'est ce procédé, il mérite la préférence sur tous ceux qui ont été publiés avant la Radiographie, parce qu'il conduit à quelque chose de bien, tandis que les autres détournent de ce bien sans compensation; et il aurait une qualité de plus, si on suivait, quoique à main posée, les principes de délinéation que nous avons prescrits pour la nationale.

On voit au passage Vivienne, à Paris, une sorte de pièce d'écriture qui a valu à son auteur une médaille d'argent à l'exposition. Si cette pièce, que l'auteur expose dans ce passage depuis huit ans, en témoignage de son habileté dans l'art d'écrire (c'est en 1843 que nous écrivons), continue d'être visible, ceux qui ne l'ont pas encore appréciée, seront à même de s'assurer que ce n'est pas de l'écriture ; car toutes les lettres, y sont dessinées, depuis la plus petite jusqu'à la plus grande.

Si les personnes chargées de l'appréciation de cette sorte d'écriture ne se sont pas trompées, si elles ont reconnu que c'est un dessin, il ne peut y avoir de preuves plus grandes de la pénurie des maîtres d'écriture dans la capitale, que l'obligation où se trouve le gouvernement de décerner des récompenses nationales à de tels misérables.

PRINCIPES D'EXÉCUTION

de l'écriture nationale à main posée.

Les principes que nous avons prescrits pour la radiographie, relativement à la plume, à la main, aux avant-bras, au papier, au corps, aux jambes, à la tête, etc., sont applicables à cette écriture exécutée à main posée. Mais on conçoit que le mouvement ascendant et descendant de l'avant-

15

bras droit cesse d'avoir lieu pour ce dernier mode d'exécution, et que les deux derniers doigts, au lieu de soutenir la main, comme pour la radiographie, en glissant constamment sur la surface des ongles, la soutiennent appuyés sur la pointe, et ne glissent qu'après l'exécution de chaque jambage.

Les lettres se forment par le mouvement des doigts et par un léger balancement de la main dans le sens de la pente ; le second mouvement de l'avant-bras qui a lieu, comme on l'a vu, page 42, sur la partie musculeuse, en facilite l'exécution ; mais il n'est pas dans ce cas d'un aussi grand secours que pour la radiographie, parce qu'il est en partie paralysé par l'immobilité de la pointe des doigts, pendant l'exécution des lettres.

Comme les neuf premiers exercices radiographiques sont un peu gros, et qu'on éprouverait des difficultés insurmontables pour les exécuter à main posée, on devra chercher à les imiter sur une échelle moins grande de moitié ; encore faudra-t-il, pour les lettres qui ont une tête, placer la main plus haut que pour celles qui n'en ont pas, et plus bas au contraire pour celles qui ont une queue ; car sans cette précaution on serait obligé de s'arrêter au milieu de ces lettres pour changer la main de place , selon le cas. Cet inconvénient , qui disparaît toutefois pour l'écriture fine , explique pourquoi la plupart des maîtres défendent d'imiter de gros caractères , bien que ce soit le moyen le plus propre à fixer les élèves sur toutes les règles.

PRINCIPES DE DÉLINÉATION

de l'écriture nationale à main posée.

On doit convenablement suivre , pour écrire à main posée , les mêmes principes de délinéation que pour la radiographie ; mais comme nous avons promis de donner les principes de Fouqueur, nous allons seulement indiquer, ci-après, les lettres que ce professeur traçait par un procédé autre que le nôtre.

Au lieu de commencer à droite, comme nous l'avons indiqué pour la radiographie , l'*o* qui entre dans la formation de l'*a*, on le commence par un délié n° 1, à la suite duquel on fait, sans lever la plume, la partie droite supérieure de cette lettre. La moitié de l'*o* étant ainsi esquissée, on lève la plume pour la placer avec précision sur l'extrémité supérieure du délié n° 1, afin de donner le coup de force convenable sur la partie de ce délié qui sert de tracé à la partie supérieure de cette lettre, et d'en faire immédiatement la partie inférieure. Le jambage qui termine l'*a* se fait comme celui de l'*a* radiographique.

Pour la tête de chaque lettre bouclée, on trace le côté gauche de la boucle en prolongeant la liaison de la lettre précédente, dans la juste direction de la pente et à la distance convenable, jusqu'au haut de la boucle; puis, sans lever la plume, on forme le côté droit de cette boucle par un trait descendant, aussi délié, si c'est possible, que s'il était ascendant, comme il conviendrait qu'il le fût. La lettre bouclée étant ainsi tracée, on lève la plume pour la porter sur le haut du délié représentant le côté gauche de la boucle, afin de donner sur ce délié le coup de force convenable pour en former le jambage, qu'on termine immédiatement.

La partie droite du *c*, au lieu de se commencer à droite, par un trait ascendant, se fait aussi par un trait descendant, qui est le prolongement de la liaison de la lettre précédente, ou d'un délié, si cette lettre commence un mot; et c'est encore en portant la plume au haut de cette liaison, et en la couvrant jusqu'au milieu par un coup de force, qu'on termine cette lettre.

La boucle de l'*e* se fait par un trait descendant, à la suite d'un délié ou d'une liaison, et cette lettre se termine comme la précédente.

L'*o* simple, ainsi que celui qui entre dans la composition du *d*, du *g* et du *q*, se fait comme nous l'avons dit plus haut en parlant de l'*a*.

On peut assurément, par ce procédé, apprendre à bien écrire, si nous pouvons nous exprimer ainsi, pourvu qu'on pose la main et qu'on dirige la plume selon nos indications; mais de quel mérite, de quelle utilité peut être une écriture exécutée par un procédé qu'il faut abandonner quand on écrit tout de bon?

C'est à messieurs les professeurs de détourner les élèves qui leur sont confiés des procédés dont le résultat n'est qu'imparfait; leur conscience sera tranquille et ils acquerront ainsi une estime et une réputation méritées. Nous leur en donnons le moyen par la radiographie, qui ne les laissera jamais en défaut: par elle ils pourront non seulement tout ce que les plus habiles pouvaient, mais encore ce qu'ils ne pouvaient pas.

Puisse le bon résultat des efforts consciencieux que nous avons faits pour l'art d'écrire, être bien compris, et nous verrons le vrai, le beau, le facile succéder bientôt, dans l'enseignement de cet art, à l'erreur, à l'impuissance et même au ridicule !

DE L'ÉCRITURE RONDE

A MAIN POSÉE.

OBSERVATIONS SUR CE GENRE D'ÉCRITURE.

L'écriture ronde, ainsi que la coulée et la bâtarde, ne nous semble utile que pour les titres et pour les mots que l'on veut faire ressortir. Nous ne pouvons consciencieusement recommander aucun de ces genres pour écriture habituelle, parce que la facilité d'exécution pour l'expédiée exige une trop longue pratique, et que malgré cette pratique on n'obtient qu'une écriture imparfaite, vu qu'aucun moyen rationnel d'exécution n'a encore été indiqué. Messieurs les professeurs ne devront enseigner ces sortes d'écriture que quand leurs élèves seront parfaitement fixés sur les principes de l'écriture rationnelle, qui est la clef de toutes les autres. Ils trouveront, dans cette manière d'agir, l'avantage de leur faire acquérir sûrement le plus utile, et de leur épargner du temps pour ce qui l'est le moins.

Nous ne traiterons spécialement ici que de

la ronde, qui nous paraît mériter la préférence sur les deux autres genres ; les principes d'exécution sont d'ailleurs les mêmes pour ces trois genres, et ceux que nous indiquons pour la ronde, pourront facilement s'appliquer à la coulée et à la bâtarde, qui n'en diffèrent que par l'inclinaison et par la physionomie plus allongée des caractères.

Nous devons faire remarquer à nos lecteurs que la ronde, comme toutes les autres écriture anciennes, est arrivée à un tel point d'imperfection, que, pour l'imiter, nous sommes forcés d'avoir recours à des moyens que condamneront ceux qui ne pourront pas se rendre raison de cette vérité : que tout moyen rationnel d'exécution pour ces différents genres d'écriture est devenu impossible par suite des modifications anti-rationnelles qui y ont été successivement apportées par des écrivains qui n'ont pas su ou voulu faire concorder ces modifications avec les moyens d'exécution, et qui, pour avoir une sorte de supériorité sur leurs confrères, n'ont pas même indiqué les moyens détournés qu'ils emploient pour reproduire à la plume leurs exemples imprimés. Beaucoup n'oseraient pas même les avouer, ces moyens, pour ne pas en supporter le ridicule.

Désireux de ne pas laisser plus longtemps la France dans l'erreur, à l'égard de l'écriture, notamment les écoles normales, qui créent chaque année un grand nombre d'instituteurs, nous nous empressons de livrer à l'enseignement, l'écriture nationale, qui répond aux besoins les plus impérieux de l'époque : nous tâcherons bientôt de refondre dans le creuset de la raison les autres genres d'écriture que nous jugerons utiles.

Il nous paraît inutile de parler des moyens généralement prescrits, dans une infinité de méthodes, pour les écritures anciennes, parce que, non seulement ils ne sont pas rationnels, mais que de plus on ne peut pas exécuter les exemples que donnent ceux mêmes qui indiquent ces principes, à moins d'y apporter des modifications qu'il faudrait que nous indiquassions dans des exemples spéciaux, ainsi que nous nous proposons de le faire prochainement.

Nous nous contenterons de donner, pour

qu'on puisse s'en servir en attendant, les moyens les plus propres à faire imiter les formes adoptées pour la ronde, quel que soit le mérite de ces formes, et comme nous l'avons dit plus haut, ces moyens pourront servir pour la coulée et la bâtarde.

Nous déclarons que nous sommes le servile imitateur de nos confrères, quant à la forme des lettres de l'exemple de ronde de notre Atlas, pl. 21. Nous n'en donnons qu'un, attendu qu'il est facile de s'en procurer d'analogues, et qu'il y en a même déjà trop de faits ; nous déclarons en même temps que nous n'entendons pas prendre sur nous la responsabilité du mérite de ces formes ; attendu que nous sommes forcé d'indiquer, pour qu'on puisse les imiter, des moyens que nous condamnons et que nous nous abstiendrions même de donner, si nous pensions que quelqu'un en fît usage avant d'être fixé sur l'écriture rationnelle, parce que, dans ce cas, il y aurait de grands inconvénients, tandis qu'il n'y en a pas le moindre, si on l'apprend après être fixé sur les principes de l'expédiée, pour n'en faire usage qu'accidentellement.

MANIÈRE DE TAILLER LA PLUME POUR LA RONDE.

La largeur du bout du bec de la plume pour la ronde, doit être égale au 1|4 de la hauteur d'un corps ; il doit être coupé en biseau, pour que les liaisons soient fines, et de manière que le côté droit soit un peu moins long que le gauche, afin d'épargner la peine de trop renverser la main du côté du pouce pour faire les déliés avec l'angle gauche du bec.

POSITION DES DIFFÉRENTES PARTIES DU CORPS POUR LA RONDE.

La position de toutes les parties du corps, excepté la main, doit être la même que pour la radiographie. Voir page 35 et suivantes.

POSITION DE LA MAIN POUR LA RONDE.

La main doit être placée de manière que le bout des doigts soit vis-à-vis de l'estomac, et jamais à plus de quatre à cinq centimètres à la droite ou à la gauche du milieu de cette partie.

Le mouvement du corps et celui de l'ar-rière-bras, que nous avons prescrits pour la radiographie, sont utiles également pour ce

genre d'écriture ; ils épargnent la peine de tirer le papier à chaque lettre, comme l'exigent
les procédés bizarres. Le bout des doigts qui
tiennent la plume est dans la direction de
l'avant-bras, qui est lui-même dirigé perpendiculairement aux liaisons. (Voir page 165.)
Le coude est placé vers le bord de la table, de
manière à faciliter à l'avant-bras la direction
qu'il doit avoir et que nous venons d'indiquer.
Les deux derniers doigts, un peu pliés sous la
main, la soutiennent appuyés chacun sur le
côté droit des ongles. Le poignet ne touche
jamais le papier.

TENUE DE LA PLUME POUR LA RONDE.

L'entaille de la plume doit avoir constamment, pour la ronde comme pour la bâtarde
et la coulée, la même direction que l'avant-
bras, afin que le tranchant du bec soit toujours
sur la direction des liaisons, même en formant
les jambages, et qu'on ne soit ainsi jamais
dans la nécessité de faire tourner la plume
dans les doigts ; car c'est absurde.

Pour que cette règle fût invariable, comme
elle devrait l'être, il faudrait que les lettres fus-
sent exécutées comme nous en donnons un

aperçu dans une gravure sur bois, page 165. Mais, comme celles de l'écriture généralement adoptée en ce moment, dont nous nous proposons d'enseigner l'exécution et de laquelle nous donnons un exemple, (*pl.* 21 *de notre Atlas*), sont exécutées inconsidérément, on sera forcé de déroger à notre règle en faisant tourner la plume dans les doigts au commencement et à la fin des jambages; et, comme ce moyen ne suffirait pas encore pour qu'on pût obtenir la forme de certaines lettres, et notamment les jambages bouclés tels qu'ils sont présentés dans cet exemple, on sera forcé d'opérer par reprises ainsi que nous l'indiquons ci - après.

PROCÉDÉS POUR LA DÉLINÉATION DE CHAQUE LETTRE DE L'ALPHABET DE L'ÉCRITURE RONDE.

L'*a* se fait en trois fois. On le commence par le côté gauche de l'*o*, qui entre dans la formation de cette lettre. Ce premier côté a la forme d'un croissant, et s'exécute par le second mouvement circulaire et descendant de l'avant-bras (*voir l'explication de ce mouvement, page* 42). Puis, plaçant l'angle gauche du bec de la plume sur l'extrémité supérieure de ce croissant, on en fait la seconde partie par le même mouvement descendant, et pareille-meut circulaire, et ensuite le jambage final de l'*a*, qui, étant semblable au premier de l'*o*, se fait de même.

Première remarque. — Si on faisait l'*o* en une seule fois, il serait semblable à la figure 1re de la gravure de la page 167, et il s'exécuterait également par le second mouvement de l'a-vant-bras, avec ou sans le secours du mou-vement des doigts.

Deuxième remarque. — Le mouvement des doigts n'est qu'auxiliaire ; il est même né-cessaire de n'en faire connaître l'utilité aux élèves que quand ils exécutent facilement tou-tes les lettres par le second mouvement de l'a-vant-bras seulement, parce qu'il leur est plus facile ensuite de se servir simultanément de ces deux mouvements , que si on les leur pres-crivait d'abord tous les deux, car ils sacrifie-raient peut-être le mouvement de l'avant-bras qui est le plus important , pour ne faire usage que de celui des doigts, qui pourrait leur paraître plus naturel ; tandis que cela n'aura

pas lieu s'ils commencent à s'exercer exclusi-
vement par le premier.

Le *b* se fait aussi en trois fois. On le commence par le jambage gauche, à 1 corps et
1¦4 au-dessus de celui des lettres ; ce jambage
se commence comme le premier de l'*o*, mais
il se continue perpendiculairement jusqu'à
1¦4 de corps de sa fin, où l'on commence la
courbe qu'il présente, par un petit mouvement circulaire de l'avant-bras. On fait le côté
droit de cette lettre de la même manière que le
côté droit de l'*o*; plaçant ensuite le tranchant de
la plume au haut du jambage gauche, comme
il était placé en commençant ce jambage, on en
commence la boucle par un petit mouvement
ascendant, suffisant pour déplacer la largeur
du bout du bec de la plume, et on la termine
immédiatement par le second mouvement
circulaire et descendant de l'avant-bras.

Remarque. — Pour faire cette lettre en une
seule fois, on devrait la commencer par le
bas du côté droit de la boucle ; elle aurait
alors la forme que présente celle de la figure
5, page 167.

Le *c* se fait en deux fois. La première

partie est semblable au côté gauche de l'*o*, et la seconde s'exécute par le second mouvement circulaire de l'avant-bras , en plaçant , pour la commencer , le tranchant de la plume sur l'extrémité supérieure de la première.

Remarque. — Pour faire cette lettre en une seule fois, il faudrait la commencer par la partie droite supérieure.

Le *d* se fait comme l'*o*. La seule différence qui existe entre ces deux lettres, c'est que la partie droite du *d* présente un arc plus grand que la seconde partie de l'*o*.

L'*e* se fait comme le *c*, avec la différence que la partie droite, c'est-à-dire la boucle, se termine au milieu de la hauteur de cette lettre.

Remarque. — Pour le faire en une seule fois , il faudrait le commencer par le bas de la boucle ; il pourrait avoir alors la forme de la figure 8, page 167.

Le *f* se fait en trois fois. On exécute d'abord le jambage vertical, qui se commence comme un *o*, ensuite la partie gauche inférieure, par le second mouvement de l'avant-bras , et avec l'angle gauche de la plume, en renversant un peu la main du côté du pouce ; et enfin la partie droite supérieure qui se fait comme la même partie du *c*.

Remarque. — Ceux qui sentiront le ridicule de la manière dont on est obligé de se servir de la plume pour faire le bas de cette lettre, pourront facilement s'en affranchir en le faisant avec le concours des deux côtés du bec. De cette manière, le haut ressemblera au bas, et cette nouvelle forme ne sera pas assez désagréable pour obliger à dessiner le bas de cette lettre toutes les fois qu'elle se présentera. L'observation que nous faisons ici s'applique au premier jambage du *p*, à la partie finale du *s* et du *x*, etc. (1)

(1) D'après un système qui nous paraît plus rationnel, et dont nous donnons ici une esquisse pour faire mieux sentir le ridicule du système adopté, en attendant que nous donnions des développements plus étendus et des exemples qui y aient rapport, nous prétendons que les jambages, comme les déliés et les liaisons, doivent être faits avec le concours des deux côtés du bec et non avec l'angle gauche seulement (*voir page* 165, *figure* 4 *et* 5) ; car que doit-on avoir principalement en vue en donnant des principes d'écriture pour la grosse, si ce n'est le bon résultat de ces principes pour la fine expédiée? Beaucoup de maîtres croient

Le 1ᵉʳ jambage du *h* s'exécute comme le 1ᵉʳ du *b*, et le second par le mouvement circulaire de l'avant-bras.

avoir beaucoup fait quand il sont parvenus à donner à quelques lettres une forme qui plaît aux yeux, lors même que cette forme serait inexécutable à la plume. Nous ne partageons pas leur manière de penser à cet égard. Nous savons très bien, par exemple, que les élèves n'obtiendront pas en commençant, ni jamais peut-être, avec le concours des deux côtés du bec, des liaisons ni des déliés aussi fins que s'ils étaient tracés avec l'angle de la plume ; cependant nous ne laisserons pas de prescrire, surtout en commençant, cette première manière d'opérer à ceux qui apprendront cette écriture pour l'expédier, parce que ce sera les obliger à diriger le tranchant et l'entaille de la plume comme ils doivent être dirigés toujours pour l'exécution de toutes les parties des lettres ; s'ils les dirigeaient mal, ils s'en apercevraient à chaque liaison, qui serait, dans ce cas, aussi grosse qu'un jambage, le degré de finesse de la liaison étant toujours en rapport avec la direction du tranchant de la plume. Cette règle nous paraîtrait d'autant plus importante qu'elle serait invariable.

On ne pourrait pas, d'ailleurs, savoir écrire de cette manière sans savoir écrire de l'autre ; car, quoi de plus facile à celui qui aurait appris ainsi, que d'employer l'angle de la plume pour faire les déliés, lorsqu'il voudrait écrire en gros ou même en fin, avec une extrême délicatesse! Il lui suffirait, pour que l'angle gauche appuyât seul, de renverser un peu la main du côté du pouce, sans rien changer à la direction de l'entaille de la plume, et sans déroger à la position de la main ni de l'avant-bras.

Le bas de l'*i* s'arrondit légèrement par le second mouvement rétrograde de l'abant-bras.

Le *j* se commence comme l'*i*, et se termine comme le dernier jambage du *g*.

Le premier jambage du *k* est semblable au premier du *h*. Le côté droit de cette lettre se fait en deux fois: on le commence par la partie inférieure, à la moitié de la hauteur du corps, et on le termine par la partie supérieure qui se fait de bas en haut par le second mouvement circulaire de l'avant-bras.

Le *l* se fait comme le premier jambage du *b*.

Chaque jambage du *m* se fait pas un mouvement rétrograde de l'avant-bras, et par le mouvement des doigts simultanément. On est obligé, à la fin de chaque jambage, de ren-

Considérant qu'avec une plume dont le bout du bec a une certaine largeur, on ne peut pas former des liaisons courbes avec le concours des deux côtés de ce bec, sans faire tourner la plume dans les doigts, et qu'il est contre toute raison de penser à employer un semblable moyen pour écrire vite, nous prescrirons des formes de lettres analogues à celles de notre petite gravure, page 167, espérant que ce nouveau système, que nous avons encore toutefois besoin de méditer et d'expérimenter, sera un peu plus convenable que l'ancien.

verser un peu la main du côté du pouce pour que l'angle gauche de la plume appuie seul ; cet angle passe de la gauche du jambage à la droite, sans qu'on lève la plume, en arrondissant le bas de ce jambage, qui, sans cette précaution, serait angulaire; puis il forme la liaison en se dirigeant de ce point à l'angle gauche du jambage suivant.

Le *n* s'exécute comme le *m* (1).

Le premier jambage du *p* se commence comme le *j* et se termine comme le *f*; la partie droite se fait en deux fois : on place, à cet effet, le bout du bec de la plume sur le premier jambage, au milieu de la hauteur du corps des lettres, pour tracer, à partir de là, la moitié inférieure de la première partie d'un *o*, à laquelle on ajoute la seconde partie de cette même lettre.

La partie gauche supérieure du *r* se fait comme la première partie d'un petit *o*, et la partie inférieure, exactement comme la première partie d'un *o* ordinaire.

(1) Il n'est pas raisonnable de former les jambages du *m* et du *n* de cette manière, puisqu'on doit renoncer à cette forme en expédiant; il nous paraîtrait plus rationnel de les former comme l'indique la figure 5, page 167.

Le bout d'une liaison précédente, que l'on monte à un 1⁄4 de corps plus haut que pour faire un *i*, fait le bout du *s* ; on exécute la partie droite de cette lettre par le mouvement rétrograde de l'avant-bras, et la partie gauche inférieure se commence sur la même liaison, et ressemble au bas de la première partie d'un *o* ordinaire. On est obligé, après avoir terminé cette lettre, d'en arrondir l'extrémité finale avec l'angle de la plume (1).

Le *t* s'exécute comme l'*i* ; il dépasse le corps des lettres d'un quart de corps.

Chaque jambage d'*u* s'exécute comme un *i*.

Le *v* se fait en deux fois : on en commence le côté gauche comme le même côté d'un *o*, mais on interrompt le mouvement circulaire de droite à gauche à partir du milieu de la hauteur de ce côté, pour le continuer par un autre mouvement circulaire de gauche à droite, de sorte que la coupe du bas de ce jambage présente toute la largeur du bout du bec, et se trouve dans la direction que doit avoir le bas du côté droit. On fait ensuite ce côté droit à peu près comme la seconde partie

(1) Un *s*, fait d'une seule fois par un procédé raisonnable, serait égal à la figure 2, page 167.

d'un *o*. On peut facilement faire cette lettre en une seule fois, parce que le tranchant de la plume se trouve placé convenablement au bas de la première partie, pour exécuter la seconde sans faire tourner la plume dans les doigts, ni sans la lever.

Le *x* s'exécute comme deux *c*, dont le premier est renversé. La partie inférieure du *c* renversé se fait comme la même partie du *s*, et la partie droite comme un *c* ordinaire. On fait encore le *x* par un jambage plein, oblique de gauche à droite, arrondi aux deux extrémités, en faisant tourner la plume dans les doigts, et par un autre jambage délié oblique de droite à gauche, qui se fait en deux fois; la partie gauche inférieure comme la même partie du *s*, et la partie droite supérieure comme la même partie du *c*.

Le premier jambage du *y* est arrondi aux deux extrémités, en faisant tourner la plume dans les doigts, et la seconde se fait comme le premier jambage du *p*.

Le *z* se commence par un petit croissant semblable à la première partie d'un petit *o*; l'extrémité droite de ce petit croissant est

jointe à la partie inférieure par un petit délié,
exécuté de haut en bas avec l'angle de la
plume ; la partie finale de cette lettre se fait
par le second mouvement de l'avant-bras de
gauche à droite.

PETIT ESSAI D'UN SYSTÈME D'EXÉCUTION

POUR LA RONDE EXPÉDIÉE,

*applicable à la coulée et à la bâtarde , dont le fon-
dement est que l'entaille de la plume et le tranchant
du bout du bec ne changent jamais de direction, tant
pour l'exécution des jambages que pour celle des
déliés et des liaisons.*

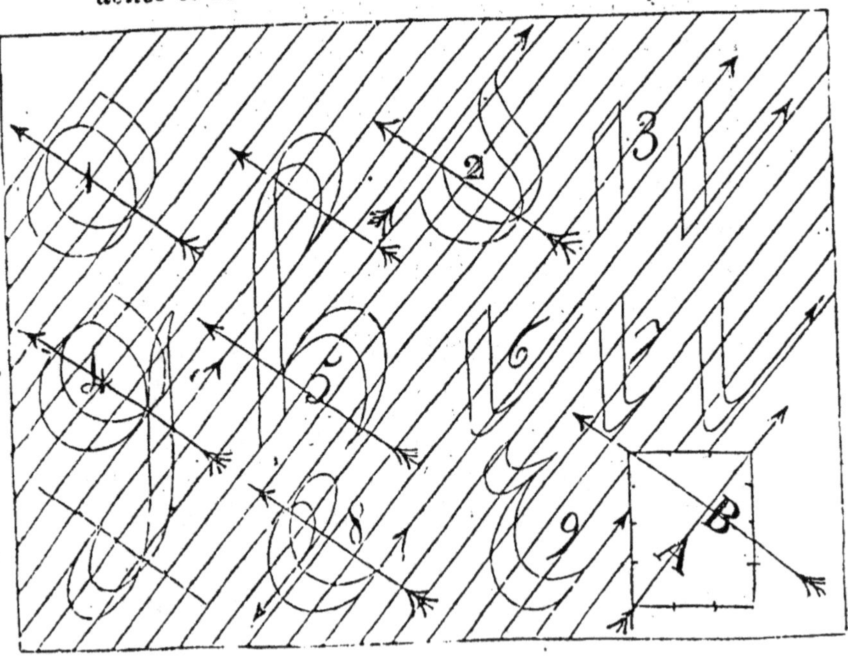

Notes pour l'intelligence de la gravure.

Les parallèles font connaître la seule direction que doivent avoir toutes les liaisons et tous les déliés.

La distance des parallèles entre elles indique la largeur du bout du bec de la plume qui a tracé les caractères de cette planche.

Les flèches qui sont perpendiculaires aux parallèles font connaître que, quand la plume passe dans cette direction, elle doit toujours être sur son tranchant, et produire conséquemment une partie déliée.

Les flèches obliques indiquent que la plume, tenue conformément au principe posé, ne peut tracer dans cette direction que des déliés ou des liaisons.

Le petit rectangle qui est au bas de la planche, et qui est d'un quart plus haut que large, représente le papier. La diagonale de ce rectangle indique la seule direction que doivent avoir et le tranchant du bout du bec de la plume et chaque liaison ; la flèche qui la traverse qui et lui est perpendiculaire, représente la direction de l'entaille de la plume et la direction de l'avant-bras, eu égard au papier.

DE L'ÉCRITURE GOTHIQUE.

La gothique est plutôt un dessin à la plume qu'une écriture ; elle ne sert ordinairement que pour les titres, qu'elle a le mérite de rendre gracieux, surtout quand elle est ornée de

traits exécutés avec goût. Les lettres minuscules, comme on le voit sur la planche 24 de
notre Atlas, s'exécutent à différentes reprises ; il en est de même des majuscules. On
taille la plume comme pour la ronde ; les principes d'exécution sont aussi les mêmes. Il
nous semble donc inutile d'entrer dans de
nouveaux détails à cet égard.

Les formes de cette écriture étant très distinctes, il sera facile à l'élève de remarquer
les points où la plume change de direction,
et notamment de placer convenablement le
point carré qu'on voit au bas du premier
jambage du *h*, des deux premiers du *m*, ainsi
que du premier du *n* et du *y*.

ENCRES.

COMPOSITION D'ENCRE DE DIVERSES COULEURS.

Encre noire.

Eau pure, 1 litre ; noix de galle, 1 hectogramme ;
bois de Campêche, 20 grammes ; gomme arabique,
30 grammes ; sulfate de fer, 30 grammes ; faites
bouillir le tout pendant trois quarts d'heure, laissez
reposer, tirez à clair, et mettez en bouteilles.

On obtient une encre passable en faisant bouillir
le résidu pendant une demi-heure, dans une quantité

d'eau égale à la moitié de celle qu'on a employée pour la première opération ; on devra seulement y ajouter 30 grammes de gomme arabique par litre d'eau.

Encre rouge.

Faites bouillir dans un bassin en cuivre, 120 grammes de bois de Fernambouc en poudre , avec un peu plus d'un demi-litre d'eau ; faites reduire cette liqueur à moitié; filtrez, et ajoutez-y 4 grammes de gomme arabique en poudre. Quelques pincées de sulfate d'alumine pulvérisé la rendront d'un rouge plus vif.

Autre.

25 centigrammes de carmin , 75 de gomme arabique ; ajouter peu à peu une once d'alcali volatil.

Encre violette.

Faites bouillir 90 grammes de bois de Fernambouc et 30 grammes de bois d'Inde, dans une pinte d'eau ; ajoutez-y 4 grammes de gomme arabique concassée et quelques pincées d'alun.

Encre jaune.

Faites bouillir pendant une heure, dans un demi-litre d'eau , 120 grammes de graine d'Avignon concassée, et 15 grammes de sulfate d'alumine ; ajoutez-y 4 grammes de gomme arabique.

Encre rose.

Faites dissoudre 15 grammes de gomme arabique dans 90 grammes d'eau rose, et détrempez avec cette eau suffisante quantité de vermillon ou de cinabre.

Encre verte.

Prenez du vert-de-gris, du suc de rue et de safran en égale quantité, broyez le tout, et faites infuser dans de l'eau gommée.

Encre bleue.

Pulvérisez, dans un mortier, 30 grammes de crême de tartre et 30 grammes de vert-de-gris ; laissez le tout dans un vase de terre pendant deux ou trois jours ; ajoutez-y 90 grammes d'eau, et chauffez pendant six heures ; filtrez la liqueur, et ajoutez-y 4 grammes de gomme arabique en poudre. Cette encre sera d'un beau bleu foncé.

TABLE.

Moulins , imprimerie de P.-A. Desrosiers.